現代の正義論

憲法、国防、税金、そして沖縄。
――『正義の法』特別講義編

大川隆法
Ryuho Okawa

まえがき

最新の私の講演二編を一冊の本として世に問うことにした。『正義の法』という本年を貫くテーマ本もすでにベストセラー街道《かいどう》を突っ走っているが、本書では、時事問題もからめて、その具体論をわかりやすく解説した。憲法、国防、税金、そして沖縄などが論点になっている。いずれも日本のあるべき姿を、国師《こくし》的気概《きがい》をもって語ったもので、すでにいくつかの新聞では、要点報道はなされている。

この国では、もっと本質的で、正直な議論がなされねばなるまい。国を運営する上での根本的な哲学の欠如《けつじょ》は、宗教の軽視から出ていると思われる。教育が不毛《ふもう》で、その結果、マスコミがゴシップ記事で国をかきまぜ、民主主義の真なる守護神《しゅごしん》がいない、といった現状が嘆《なげ》かれる。本書から、一つでも二つでも、考えるヒントを読者が得られることを望んでいる。

二〇一六年　二月五日

幸福《こうふく》の科学《かがく》グループ創始者兼総裁《そうししゃけんそうさい》
幸福実現党総裁《こうふくじつげんとうそうさい》　大川隆法《おおかわりゅうほう》

現代の正義論　目次

第1章　「正義の法」講義

二〇一六年一月九日　説法《せっぽう》
神奈川県《かながわ》・パシフィコ横浜《よこはま》国立大ホールにて

第2章　真実の世界

二〇一六年一月三十日　説法
沖縄《おきなわ》県・沖縄コンベンションセンターにて

第1章

「正義の法」講義

二〇一六年一月九日　説法《せっぽう》

神奈川《かながわ》県・パシフィコ横浜《よこはま》国立大ホールにて

1 「本当の正義」を説けるのは誰《だれ》か

二〇一六年は立宗《りっしゅう》三十周年のけじめの年

今日（二〇一六年一月九日）は、書籍の講義にしてはやや大層な構えの講演会で、みなさんも少し驚《おどろ》かれたかもしれませんが、幸福の科学が立宗《りっしゅう》三十周年を迎《むか》えたので、私《わたくし》たちも、今年は一つのけじめの年でもあるのかなと考えています。

もとより、三十年前には、支部もなく信者もいない状況《じょうきょう》であったので、それから見れば、かなり大きな前進をしたことは事実です。しかし、大きくなったら大きくなったで、それなりに次の目標が出てくるものであり、それは、「仲間内だけで自分たちの考え方が共有されていればよい」というものではありません。

また、幸福の科学の外側にいて、かすかには知っているけれども、「いったい、いかなる団体であるのか」、「どんなことを教えているのか」、そして、「日本の国民に、いったい何を発信しているのか」を、十分に分かっていない人々が多いと思うのです。

「すでに存在としては知っている」という人は、数多くいるでしょう。一九九〇年代初頭《しょとう》に、マスコミが裏調査をしてくださったときには、私の知名度は

『正義の法』
（幸福の科学出版刊）

八十パーセントを超《こ》えていました。それからもう二十数年になるので、大川隆法を知っている人も、幸福の科学を知っている人も、そうとう増えてきていると思うし、あるいは、七年前（二〇〇九年）に始めた幸福実現党のほうで知っている人も多いのではないかと思います。

「自由」の下《もと》、宗教政党の活動も許されるべきもの

当会は、いろいろなことをしていますけれども、一貫《いっかん》して訴《うった》えていることもあります。それは、幸福の科学と幸福実現党の両方に冠《かん》されている「幸福」という言葉の追究、探究です。

どちらかといえば、宗教側が精神的な面を重んじて活動していることになり

ますけれども、政党側は、この世的なレベルでの現実的な問題に汗《あせ》を流していこうとしてつくられたものです。ただ、内容的には、まだ十二分《じゅうにぶん》に理解されてはいないと思われますし、この日本の国においては、宗教が政治にくちばしを差し入れることを、あまりよいこととは思っていない雰囲気《ふんいき》があります。

それは、学校時代から成人するまでの間、選挙権を持つまでの間に、教育においてそのように教わっていることが多いからであり、そのため、宗教政党というものを、そう簡単には受け入れられない人が多いのも事実です。

しかしながら、諸外国においては、宗教政党はすでに数多くありますし、宗教政党しかないような国もあります。

その意味で、「自由」ということであれば、本来、いろいろなかたちでの政治活動は許されるべきものであると考えていますし、人々の「内心の自由」というものを表現するならば、それは、この世的なものだけでは済まないものもあるでしょう。

そうした「信教の自由」が表に現れたときに、それは「人間としての生き方の自由」に、必ず転化していきます。

そして、「人間としての生き方の自由」が、政治的活動を伴《ともな》い、経済的活動を伴ってくると、どうしても、政治・経済面での制度的な後押《あとお》しを必要とするようになってくるのです。

現代にソクラテスがいても「正義の法」は説けない

また、私自身も、『正義の法』（幸福の科学出版刊）の「まえがき」で、「最新の宗教が、国際政治学をも呑《の》み込《こ》んだ形となった」というように述懐《じゅっかい》していますけれども、実際、そのとおりではあるでしょう。

学問としての国際政治学はあります。あるいは、学問としての国際経済学もあります。しかしながら、「現在ただいまに起きている事象」に対して答えを出せる学問というものは、残念ながら、今、世界を見渡《みわた》してもありません。

なぜ答えを出せないかというと、「すでに起こった事実について、あとからいろいろな議論がなされ、そして、多数なるものが、その結論をつくっていく」というのが、普通《ふつう》の学問のかたちであるからです。

未来を見つめながら、現在ただいまのことに対して答えを出していくのは、経営というレベルでは存在するかもしれませんけれども、学問のレベルでは、非常に難しいことでしょう。

しかしながら、考えてみると、現在ただいま、多くの人たちが、「いったい右に行けばよいのか、左に行けばよいのか。何が正しくて何が間違《まちが》っているのか」ということが分からずにいるなかで、その答えを、一本筋《すじ》を通して言うことができたならば、これは、人類に対して大きな大きな利益を与《あた》えることにもなるのではないでしょうか。

ですから、私から発信しているものは、ときどき、世の中の識者といわれる言論人のみなさんにとっては失礼に当たることもありますし、マスコミの見識あるみなさん、何十年も勉強をされてきたみなさんに対しても、ときには失礼なことも申し上げています。また、政治家として、何十年もの経歴を持っておられる方々に対しても、その勉強が、まるで足りていないかのような言い方をする場合もあります。

そうした非礼は本当に申し訳ないことであると、つくづく思っていますけれども、しかしながら、今、このアジアの東の小さな国に、この「地球系の神々」の考えを一つに統一し、「こう考えるべきである」と言える人がいたならば、おそらくそれは、日本人にとっても福音《ふくいん》であろうし、また、日本から伝えられることによって、世界各国の人々にとっても、考え方の指針が明らかになるでしょう。

その意味において、実績的にはまだまだ十分ではありませんけれども、「日本の羅針盤《らしんばん》となり、世界の北極星になりたい」という強い願いを、昨年末から発信しているのです。

『正義の法』も、まさしくそういう目的のために書かれたものです。

私自身も語っているように、「今、『正義の法』を説ける人が世界にいるか。

七十二億人いて、これを説ける人がいるか」ということを問うたとき、まず、答えられないと思います。

本書の「まえがき」には、「現代の『無知の知』を明らかにしていく上で、ソクラテス的であったと思う」と書いてあります。言葉は控《ひか》えめに言っていますけれども、ギリシャのソクラテスが、現代に、ここに立っていたとしても、この『正義の法』は説けない！　これが私の結論です。

人間世界の学問や事象だけを見ていては、「本当の正義」は説けるわけがないのです。「本当の正義」を決めることができる者は、長く長く人類を導いてきた者だけだからです。

今、みなさんは、何千年に一回あるかどうかの、そうした奇跡《きせき》のときに巡《めぐ》り合わせています。

深く静かに浸透《しんとう》しつつある幸福の科学の教え

こうした宗教活動をしていくうちにも、いろいろな奇跡が起きますけれども、そうしたことは、付随《ふずい》的に、当然あってしかるべきことです。

しかし、いちばん難しいのは、この世において、人々が当然だと思い、刷り込みをされ、学問や社会のルール、あるいは「常識」などというものでコーティングされ、まったく疑わずにいる部分を崩《くず》すことです。

ここに挑戦《ちょうせん》をしているわけですけれども、まだ時間がかかっているようです。

霊界《れいかい》があるということは、さまざまなかたちで書いてもきましたし、講演もしてきました。また、霊言集《れいげんしゅう》、その他の書籍《しょせき》も出してきましたし、映像でも、そういうものをお観《み》せしているので、現在では、はっきりと否定してくる人は、もうほとんどいなくなりました。

それどころか、主として民放のテレビ局などでは、私の本をかなりタネ本として使い、いろいろな番組をつくっているように思います。また、そうした番組を観ていると、ときどき、背景の本棚《ほんだな》のなかに私の本が並んで映っているようなこともあったりして、驚いてしまうほどです。

深く静かに浸透《しんとう》していることは事実です。

日本人の美徳なのかもしれませんが、彼らは、「正しい」ということがなかなか言えません。「本当だ」とも「素晴《すば》らしい」とも言えず、黙《だま》っているわけです。さらに、「黙っていることが肯定《こうてい》を意味する場合が多い」ということを教えてくれる人も少ないということが言えるのかもしれません。

ある意味では、洗練された国民性を持っていると思います。

自分の心の内に秘めること、心の内に留《とど》めておくことができて、他の人々とは普通の人間関係が取れ、学校の内容や、あるいは会社の内容に合わせて、適度な距離《きょり》を取りながら付き合うことができるという、まことに高度に進化した〝都市型人類〟が、今、住んでいるのだと思います。

これに比べて、まだこれから発展していこうとしているアフリカやアジアの国々においては、法《ほう》話《わ》の前に流れていた当会の紹介《しょうかい》映像にもあったよ

幸福の科学の海外活動（1/9 講演前の活動紹介映像より）

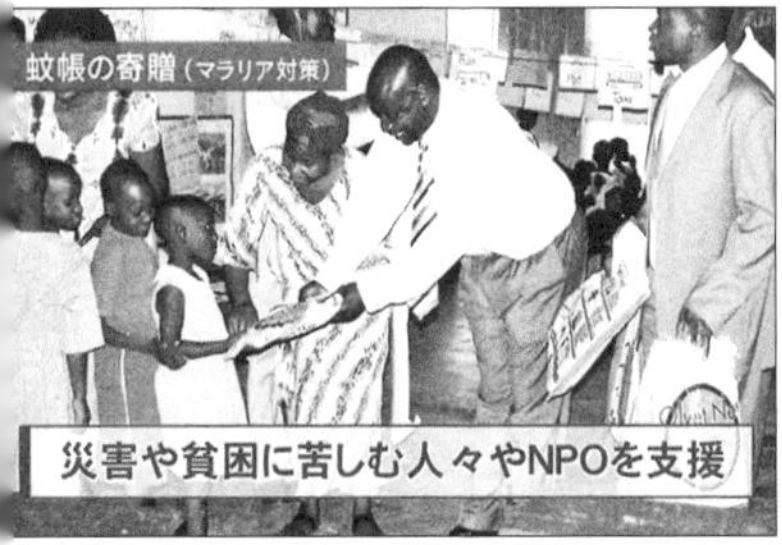
蚊帳の寄贈（マラリア対策）
災害や貧困に苦しむ人々やNPOを支援

ネパール大地震
ネパール支部精舎を避難所として開放し
水や食料 テントなどを支給

幸福の科学グループの活動は民族・国境を超えて広がり続けており、その活動拠点は世界 100 カ国以上、大川隆法著作は 28 言語以上に翻訳されている（2016 年 2 月現在）。また、アジア・アフリカ等の途上国支援や、災害救援活動等も行っている。

うに、あっというような速度で、いろいろなものが広がっていくことがあります。ややや信じがたい状況ではありますが、飢《う》えていると言えば飢えている、つまり、そうした知識や真理に飢えているから、そのようになるのでしょう。

「これから先はどうなるのか」という疑問に答えたい

『正義の法』の全六章のなかで書かれていることは、一つひとつを取り上げると、けっこう難しいと思います。

正月明けの土曜日の夜に、（本講演の開催地の）横浜に集まられたみなさんや、また、衛星放送で観ておられる全国のみなさんは、まことに奇特《きとく》な人々です。もう、本当に頭が下がります。

本来は土曜日であれば、午後の暖かいうちに行いたかったのですが、非常に人気のある会場であるため講演日の一日しか借りられず、前日の夜中から作業をして、ようやく夕方に開場できるような状態でした。そういう意味で、もしかしたら、帰りの時間で悩《なや》んでいる人もいるかもしれませんが、私たちもできるかぎりのことはしているので、どうか、このあたりのご無礼《ぶれい》はお許しください。

しかしながら、来られた以上は、みなさんの心のなかに、何か一つは明かりを灯《とも》して帰っていただきたいと思っています。

『正義の法』の内容は、国際政治的にも、ジャーナリスティックに見ても、哲学《てつがく》的にも裏付けのある内容なので、これをさらに難しく解説する気持ちはありません。

そうではなく、むしろ、「もう少し分かりやすく説明すると、どのようになりますか」という質問に答えられるような話を、本章ではしてみたいと思っていますし、本書を読んでいるみなさんも、おそらく、「それで、今年はどうなるのですか」「これから先はどうなるのですか」という疑問を持っていると思います。また、「これが聴《き》けたら、今日は、交通費分ぐらいは回収できる」と思われる人も数多くいるかもしれません。

その意味で、私は、よい意味で口を滑《すべ》らせたいと考えているのですが、まだ理性が完全には麻痺《まひ》していないので、〝歯止め〟が利《き》くかもしれません。

2　オバマ大統領「最後の一年」に訪《おとず》れる危機

北朝鮮《きたちょうせん》の「水爆《すいばく》実験」に見る混乱の始まり

私は、今年を「革命の年」とも述べていますが、そうなると思います（二〇一五年十二月三十一日収録の法話《ほうわ》「2015年を回顧《かいこ》し、2016年を展望する」、『時代の扉《とびら》を押し開《あ》けよ』〔宗教法人幸福の科学刊〕参照）。

混乱が世界各地で起き、日本でも起きるでしょう。「あっと驚《おどろ》くような事態」が、幾《いく》つか起きると考えています。

その多くは、すでに、その「始まり」が見えているものもあるのです。

年初においては、本講演の三日ほど前ですが、北朝鮮《きたちょうせん》の「水爆《すいばく》実験」の報道がなされました（注。二〇一六年一月六日、北朝鮮は、「最初の水爆実験が成功裡《り》に実施《じっし》された」という政府声明《せいめい》を発表した）。ただ、しばらくすると、日本のマスコミや政治家は、「いつもどおりの原爆ではないのか」というかたちで、話をできるだけ小さくしていこうという動きに戻《もど》っています。結局、話を大きくしたところが責任を取らなければいけないことが多いので、「今までどおり」ということにして、何も対応しないことの言い訳をつくりたいのでしょう。

しかし、「幸福論」からしても、やはり、軍事においては一言《ひとこと》言わなければならないと思います。それは、個人個人の努力では、どうにもならない部分があるからです。

例えば、近代的な武装をした者たちが、計画的に、ある国、ある民族、あるいは、ある集団に対して何らかの攻撃《こうげき》を仕掛《しか》けようと考えたならば、それに個人で立ち向かうのは大変なことです。また、それが起きてから事を起こすのも大変なことなのです。

アメリカ人にとって銃《じゅう》規制は許しがたい「自由の制約」

また、「北朝鮮で水爆実験が行われた」と発表されているときに、アメリカでは、オバマ大統領が涙《なみだ》を流しながら、「銃《じゅう》の規制をやりたい」というようなことを言っていました（注。二〇一六年一月五日〔日本時間六日未明〕、オバマ大統領は、大統領権限に基《もと》づく銃規制強化策を正式に発表。任期中の最重要課題の一つとして位置づけた)。それを聞いて、私は何とも言えない、呆然《ぼうぜん》とした気持ちを持ったのです。

オバマ大統領が登場するときに、私は予言しました。「アメリカは、後退《こうたい》していくのではないか」「アメリカのジャパナイゼーション(日本化)が進むだろう」ということを申し上げたのです(『日本の繁栄《はんえい》は、絶対に揺《ゆ》るがない』『朝の来ない夜はない』〔共に幸福の科学出版刊〕参照)。

それは、若干《じゃっかん》、失礼であったかもしれません。アメリカにいる幸福の科学の信者でさえ、「(オバマ大統領が)まだ何も仕事をしていないのに、そういうことを言うのは失礼ではないか」と言っていました。それについては、まことにありがたいことだと思っています。

しかし、七年がたったら、私が言ったとおりになっており、否定する方はいません。
オバマ大統領は、日本がやっているような年金制度に近いようなものを、もう一回、アメリカでもつくろうとしたり、保険制度をつくろうとしたり、所得の分配をし、もう少し格差を縮めようとしたり、同質化した社会をつくって差別を少なくしようとしたり、あるいは、銃器を取り締《し》まろうとしたりしているわけです。

ところで、なぜ、アメリカで銃を規制することが、そんなに難しいのでしょうか。

アメリカでは、独立以降、フロンティアを目指して西に進んでいくときに、ネイティブ・アメリカン

『日本の繁栄は、絶対に揺るがない』(2009年3月、幸福の科学出版刊)

『朝の来ない夜はない』(2009年1月、幸福の科学出版刊)

との戦いが数多くあったので、銃で自分や家族を護《まも》るというのは当然の権利でした。日本国憲法では考えられないことですが、アメリカ合衆国憲法修正第二条においては、各人が、銃によって自分を防衛することは、国民の固有の権利として保障されているのです。

憲法において、「個人が、銃で自分を護ってよい」と保障されている国と、かつて、「刀狩《かたなが》り」を経験している国（日本）とでは、かなり違《ちが》いがあることは事実でしょう。

アメリカはそうした国ですから、銃の規制として、日本のように登録制にし、誰《だれ》が持ったか、誰が買ったかということが分かるようにしていくとなると、やはり、今までの基本的な自由が奪《うば》われることになります。そのため、大統領が泣きながらやらなければいけないような事態になっているわけです。

この背景には、さまざまなところでアメリカが起こしている戦争に対するテロの問題があります。「テロリストがアメリカ国内に入って、簡単に銃が手に入ったら、いろいろなところで多くの人が殺されるかもしれない。それを事前にチェックしたい」という気持ちも入っているのでしょう。しかし、アメリカ人にとっては、許しがたい「自由の制約」であることは事実だと思います。

「原爆《げんばく》の小型化」が意味するものとは

さて、オバマ大統領が涙を流しているときに、当会のほうでは、北朝鮮の金《キム》正恩《ジョンウン》氏の守護霊霊言《しゅごれいれいげん》を収録しました。これを緊急《きんきゅう》出版しましたが、金正恩氏（守護霊）のほうは、「水爆《すいばく》実験に成功した」と言って、高らかに謳《うた》い上げていたのです（『北朝鮮・金正恩はなぜ「水爆実験」をしたのか』〔幸福の科学出版刊〕参照）。

一方、日本のマスコミや政治家は、「それは、今までどおりの核《かく》実験にしかすぎないんだ。原爆実験なんだ」というように、事態をできるだけ小さくとどめて、世界の経済制裁等で収めようとしています。

ただ、それは、問題の解決にはまったくなっていないのだということは知らなければいけません。

「地震《じしん》の規模が小さかったから、原爆と変わらない」と言っていますが、それはある意味で、原爆の小型化に成功した可能性が極《きわ》めて高いことを意味しています。

『北朝鮮・金正恩はなぜ「水爆実験」をしたのか』（幸福の科学出版刊）

「原爆の小型化に成功した」というのは、どういうことでしょうか。

今までは、「原爆はつくれても、すごく大きなものになるので、それを小さくできなければ、核弾頭《だんとう》として積むことはできない。ミサイルの先につけたり、あるいは、簡易に持ち運ぶことはできない」ということで、みな安心していました。しかし、もし、小型化に成功したということであるならば、核弾頭としてつけられます。つまり、〝原爆を付けたミサイル〟として飛んでくることを意味しているのです。

また、「原爆の小型化ができた」ということは、それを水爆に組み込《こ》むことによって、異常な高温を発することができます。要するに、水爆が起動する熱量まで高めることができることを意味しているわけです。

現時点で、水爆として飛ばせるかどうかは別として、今、新しいステージに踏《ふ》み込んでいることは事実です。

私の覚えているかぎりでは、少なくとも、一九九四年に公開した当会における最初の映画「ノストラダムス戦慄《せんりつ》の啓示《けいじ》」のなかにおいて、私たちは、北朝鮮の核ミサイルの脅威《きょうい》について、すでに、日本の国民に対して警告を発していました。それは、もう二十二年前ぐらいになりましょうが、そのときに、はっきりと述べていたのです。

さらに、二〇〇九年に幸福実現党を

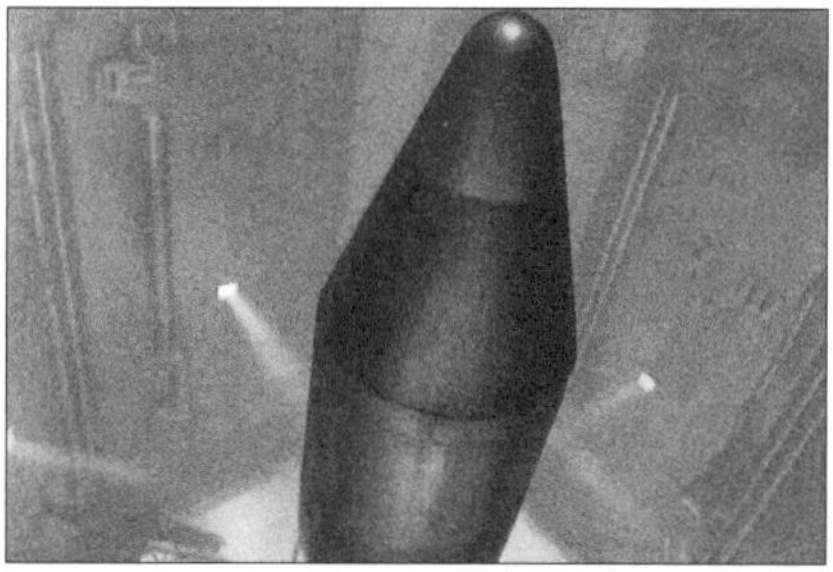

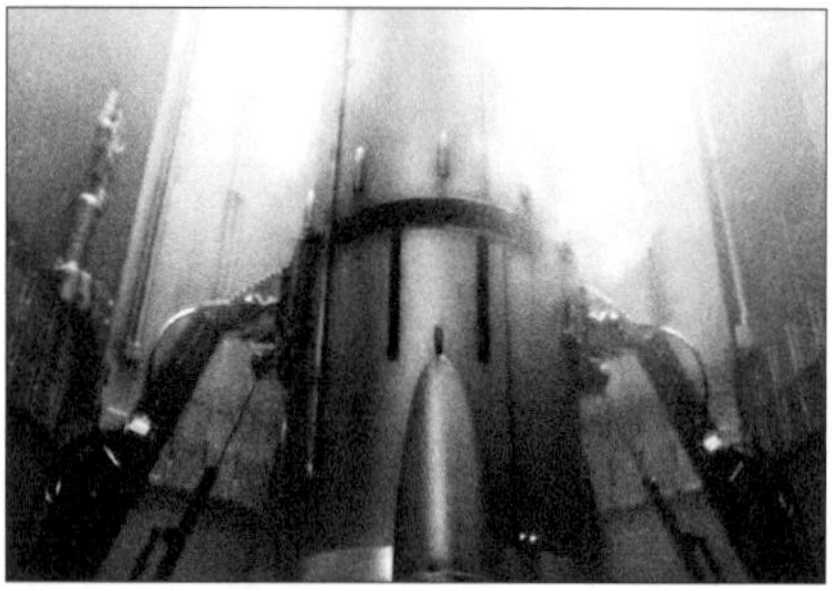

映画「ノストラダムス戦慄の啓示」(1994年公開／製作総指揮・大川隆法／幸福の科学出版)には、北朝鮮を想定した「北アジア共和国」が核ミサイルを日本に向けて発射しようとするシーン(写真右・上下)が出てくる。

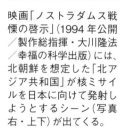

発足《ほっそく》させたときにも、やはり、「今のままでは国防上の不備があるから、これを何とかしなければいけない。北朝鮮がどんどん核開発を進めているのに、それを放任しているだけ、あるいは、『どうにかして自壊《じかい》してくれればいいな』と、ただただ見ているだけというのでは、国としての主体性がない。主権国家としては不十分なのではないか」ということを訴《うった》えました。

しかしながら、世間《せけん》の動きは非常に遅《おそ》かったと言えます。むしろ、振《ふ》り子は正反対に振れて、「民主党政権が三代続き、その後、安倍《あべ》政権になってやっと、当会や幸福実現党が言い続けていたことを、ゆっくりとなぞるように、あとからやってきた」というような状態です。

オバマ大統領の最後の一年を狙《ねら》う中国と北朝鮮《きたちょうせん》

当会が言わなかったことで安倍首相がやったことは、消費税の増税ぐらいかと思います。これについて当会は、「早く上げると、デフレスパイラルから抜《ぬ》け出すことができないので、急いではいけない」と言ったものの、安倍首相は分かってくれませんでした。そのため、「自分でそれを体験するまで、しかたがないかな」とは思っているのです。

「正反対の方向を向いている政策（金融緩和《きんゆうかんわ》と消費税増税）を同時にやってはいけない」というのは当たり前のことなのですが、残念ながら、まだ日本はデフレから完全に脱却《だっきゃく》できているとは言えません。消費税を八パーセント、十パーセントと上げていくことを既定《きてい》路線としている以上、デフレからの脱却はできないのです。

それは、違う方向に向いている経済政策を同時にとったからであり、これについては、安倍さん自身が、後世からキチッと評価を受けるべきであろうと思います。

ただ、消費税の増税以外の政策については、ほぼ幸福実現党の政策そのものを自民党が実行し、それらについては実績をあげられました。それについて当会は感謝されていませんが、実績はあげられたと思います。

また、昨年（二〇一五年）も、集団的自衛権の問題をめぐって、国論を揺らすような大きな運動が起きました。

その際、私たちから見れば本当に小さな団体であり、当会の学生部から見ても、東京二十三区のなかの一つのブロックの学生部程度しか人数がいないような、「SEALDs《シールズ》（自由と民主主義のための学生緊急行動）」という団体をテレビが取り上げたわけです。特に、左翼《さよく》系のテレビが取り上げて、いかにも全国で活動しているかのように見せていました。

しかし、ほとんど共産党系の後押しで、全国で活動しているように見せていただけであり、そのような〝フェイント攻撃〟というか、学生を表に出して、いかにも「民意」のように見せる運動を一生懸命《いっしょうけんめい》やっていたのです。

また、そのとき、憲法学者の九十数パーセントは、「（安保《あんぽ》法案は）立憲主義に反する。政府が憲法に反することをしてはならないのだ」という意見でした。二、三人ぐらいは賛成の人がいたらしいのですが、出世が止まっていることでしょう。その他の方々は、「違憲《いけん》だ。だから、政府の独裁だ」というようなことを言っていました。

ところが、年が明けてみたら、どうでしょうか。

中国は、まだまだ覇権《はけん》主義を進めて、南沙《なんさ》諸島に三千メートルの滑走路《かっそうろ》をつくり、とうとう建物を建て始めています。おそらく、これから、フィリピンやベトナムへの圧力を加えていくのでしょう。

これは、オバマ大統領の最後の一年ということで、「重大な決断は、何もできない」ということを見越《みこ》してやっていることでもあります。

前述した北朝鮮《きたちょうせん》の核実験なども同じです。アメリカの大統領が最後の年を迎《むか》えるときには、レームダック、つまり「死に体《たい》」になるので、重大なことができません。それを狙《ねら》ってのことなのです。

「あれは水爆ではなくて原爆だった」などと言えば言うほど、本当に、次の実験をやる可能性が高まっています。次は、ミサイル発射実験をするでしょうが、これを放置してはいけないのです（注。この予測どおり、本講演の約一カ月後の二月七日、北朝鮮は、北西部の東倉里《トンチャンリ》にある発射場から長距離弾道ミサイルを発射した。発射されたミサイルは五つに分離し、その一つは沖縄県上空を通過して日本の南約二千キロの太平洋上に落下したものと推定されている）。

二〇〇九年からずっと述べていますが、幸福実現党は七年目に入っています。核開発は七年あればどんどん進んでくるので、最終的に、これをどうするのかを決めなければいけません。誰かが決めなければいけないのです。

3　現実に合わない憲法は改正を

憲法は「国民を犠牲《ぎせい》にしてまで残さなければいけないもの」ではない

北朝鮮の核開発にどう対応するかを決めるに当たっては、「何が正しいか」「何が正義か」ということも、同時に考えなければいけません。

北朝鮮《きたちょうせん》の側は、「もちろん、防衛のためにやっているし、国民を護《まも》るためだし、自衛のためだから、これは正義だ」と言っています。ほかの国も、だいたい同じようなものでしょう。

核兵器《かく》を持っている国は世界に数多くありますが、水爆《すいばく》を持っているのは、国連常任理事国の五大国（米、英、仏、ロ、中）だけということになっています。

水爆は、原爆の数百倍、あるいは数千倍の威力《いりょく》を持つ場合もあるので、北朝鮮は、「常任理事国と同じ力を持った」ということを誇示《こじ》しているわけです。

また、「それぞれの国は、もちろん、防衛と自衛のためにやっている」と言えばそれまでであり、国際法的に言えば、「自国の防衛のための軍備というのは正しいし、自国の防衛のための戦争も正しい」と、いちおう定義はされています。

しかしながら、「自国の防衛のための戦争は正しい」という定義に関しては、一定の規制がかかっており、「限度がある」ということが、条件としては付いているのです。「防衛のために、自分の国を護るためにやることは正しい」と言うことは、どの国もできるでしょうが、それには限度があります。

つまり、「世界全体から見て、その方向で行ったほうが、世界がより安全で、幸福になる方向の自衛行動なのか。それとも、その方向で行くと、独裁が拡大し、多くの人々や多くの国民が苦しみ、他の国々を侵略《しんりゃく》する方向に行くのかどうか」というところが、十分に検討されなければならないということです。

前述したように、「自衛のための防衛や軍事行動、あるいは、戦争はありうることだ」というのは、国際法上の常識です。

これに対し、日本では、「自衛のためであればよい」という解釈《かいしゃく》は成り立っていても、日本国憲法を文字どおり見るかぎりでは、「陸海空軍は持てず、国際紛争《ふんそう》を解決する手段としては、そうした軍事的な手段は一切放棄《いっさいほうき》している」

わけです。そのため、立憲主義というかたちで、憲法ですべてが縛《しば》られるようなものの考え方をすれば、政府がやっていることは間違《まちが》っているようにも見えるし、法を踏《ふ》み外した、政治の独走行為《こうい》のようにも見えるわけです。

これについては、私も専門を離《はな》れてからずいぶんたってはいるものの、『正義の法』のなかで、あえて憲法学者にも苦言《くげん》を呈《てい》しました。

憲法というのは国の最高法規ではありますが、やはり、「国民を犠牲《ぎせい》にしてまで残さなければいけないものではないのだ」ということです。これは、当たり前のことでしょう。「国民を護るためであれば構わないのですが、国民の主権を奪《うば》ったり、国民の生命を奪ったりするために使われるような憲法は、望ましい憲法ではない」ということについて述べました。

諸外国では何度も改定が行われている憲法

日本人は、「憲法は最高で、不磨《ふま》の大典《たいてん》であり、いじることができないようなものだ」というように考えがちですが、諸外国では何回も改定が行われています。

例えば、ビルマ（ミャンマー）では、「外国人と結婚《けっこん》した人は、大統領にはなれない」というような文言《もんごん》が書いてあるような憲法もあるわけです。要するに、政治的にいろいろと党利党略、あるいは私利私欲でもって、さまざまなものを書き込《こ》むことだってできます。そうしたものは中国の憲法にも入っているでしょう。

このように、その国の利益のためだけにやっていて、国際的にはまだ認められないレベルの憲法もたくさんあるわけですから、「憲法がすべてを規定する」と言っても、そういうわけにはいきません。

さらに、日本国憲法の出自《しゅつじ》から見れば、「占領《せんりょう》された状態のなか、一週間足らずで、憲法の専門家ではない人ばかりが集まってつくった」というものなので、隙《すき》だらけです。それを運用するに当たっても、過去何十年にもわたり、政府解釈や裁判所の解釈等が積み重なって、いろいろな隙間が埋《う》められてきたというのが現実なのです。

したがって、もし、「憲法を超《こ》える判断はできないのだ」というようなことを憲法学者が言っているとしたら、もはや、「化石と化している」と言わざるをえないでしょう。

私たち国民は、「自分たちの考え方で、自分たちがその時点で生存し、発展・繁栄《はんえい》する方法を選ぶことができるのだ」ということを申し上げておきたいと思います。

消費税は憲法の「財産権」から見ると問題がある

なお、消費税について述べるとなると、これは、（憲法を守る必要があるか、という意味で）戦争についての意見とは反対になります。

日本国憲法には、「財産権は、これを侵《おか》してはならない」と書いてあるのです。財産権を保障すると言っておきながら、これを一方的に取り上げられるというのであれば、問題があるでしょう。

このように、憲法とはいえ、内容については、そのときどきに考え方を変えていかなければなりません。今年は、そのための大きな一歩になるだろうと思います。

政府与党《よとう》も、二枚舌《にまいじた》、三枚舌を使いながら、テレビ局や新聞社の攻撃《こうげき》をかいくぐってやっていくのは、なかなか大変なのでしょう。ただ、「本当の争点は隠《かく》して、それ以外のところで戦って、比較《ひかく》優位を取る」ということは、実に民主主義社会の醜《みにく》い部分を見せていると思いますし、子供の教育にもよくないと私は思っているのです。「正直に言うと、支持率が下がり、票が減る」というようなことであっては、残念なことではないでしょうか。

また、国会論戦もやっていますが、財政赤字のために増税をかけるというのに、「一人当たり三万円をばら撒《ま》く」などというのは、「アホらしくて聞いていられない」というのが私たちの正直なところです（注。二〇一六年一月二十日、低所得の高齢者《こうれい》、およそ一千百万人を対象に、一人当たり三万円を支給する「年金生活者等支援《しえん》臨時福祉《ふくし》給付金」を盛り込んだ補正予算案が参議院本会議で可決・成立した）。

「それをいかに理路整然と、公衆の面前で議論して、ディベートするか」というような感じで、そのうまさだけを競《きそ》って、政党としての腕《うで》のよさを見せているのかもしれません。

そうした「見せ方」で判定されているわけですが、これは悲しいことです。〝土俵《どひょう》〟が小さすぎます。あまりに〝小さな土俵〟でやっているのです。

4　マスコミも政治家も正々堂々の議論を

軽減税率を受けることで懐柔《かいじゅう》されている日本のマスコミ

あるいは、私たちのように、根本的な哲学《てつがく》やものの考え方から、「それが正しいのかどうか」ということを追究しているところに対して、人々はまだ十分に理解できないのかもしれません。しかし、「そうした根源的なところから、この国のあり方をもう一度見つめ直し、考え直してみよう」という政党（幸福実現党）が出来上がっているのですから、これをそろそろ立ち上げていかなければ、この国としては未来がないと、私は思っています。このままではいけません。

この国は、〝お仕置《しお》き〟が必要です。キチッと叱《しか》らなければ駄目《だめ》なのです。マスコミも政府に懐柔《かいじゅう》されています。

次は、一般《いっぱん》消費税が十パーセントに上がっても、軽減税率が適用されれば、新聞等は八パーセントに据《す》え置くことができるわけですが、「どこまでのマスコミにそれを適用してほしいか」というところで揺《ゆ》さぶられたら、みんな二パーセント下げてくれるほうになびいていくでしょう。これで政府はマスコミ誘《ゆう》導《どう》をし、世論《せろん》誘導をしているわけです。

しかし、自分のところが二パーセント上げられて苦しいなら、ほかの業界だって同じでしょう。もし、マスコミが国民の味方であるならば、「自分たちが痛いのなら、国民も痛いのだ」ということを分かってください。そして、国民のために政府を批判するなら、同じ痛みを味わってほしいと思います。

政府に懐柔されて、自分たちはあっさりと軽減税率を受けておきながら、「国民のみなさんは高い税率を払《はら》ってください」というようなことを推《お》し進めるなら、マスコミなどやめなさい。本当に恥《は》ずかしいことです。

そして、そうしたマスコミが、もし、政府を批判するような政党の言論を捻《ね》じ曲げたり、封殺《ふうさつ》したり、黙殺《もくさつ》したりするなら、実に悲しいと思います。

私も今、いろいろな新聞を読んでいるのですが、まともなことを書いているのは、意外にスポーツ紙かもしれません。五大紙は、ときどき、当会に対して協力的に書いてくれるところもありますが、「権力に近くなってくれば、〝グル〟になりやすい」ということは、どうしても否定できないところがあります。

例えば、幸福の科学は、読売新聞のようなトップの新聞社とも仲は悪くないですし、私はそこの社主とも、それほど仲は悪くありません。しかし、そうしたトップの新聞社であればこそ、財務事務次官の天下《あまくだ》りなどを引き受けては駄目です。

そういうことをしていると、どう見ても裏でつるんでいるように見えます。マスコミのリーダーがそのようなことをして、どうするのですか。そのようなことでは駄目です。

マスコミの「黙殺《もくさつ》権の行使《こうし》」は公平無私の立場に立つものなのか

なお、マスコミは、民主主義の担保《たんぽ》としてあるべきなので、マスコミが政府

●**財務事務次官の天下り**　2014年6月10日、元財務事務次官の勝栄二郎《かつえいじろう》氏が読売新聞社の監査役に就任した。元財務事務次官の読売新聞社監査役就任は、丹呉泰健《たんごやすたけ》氏に次いで２代連続となる。

を批判したり、世論を誘導しようとしたりすることに対して、私は批判する気はありません。

ただ、自分たちの目が曇《くも》っていないかどうかは、よくよく考えていただきたいと思います。そして、自分たちが本当に公平無私な立場に立っているかどうかも、よくよく考えていただきたいのです。

例えば、「幸福実現党には話題性がない」ということを言う新聞やテレビなどもあるわけですが、話題性は十分あるのではないでしょうか。私は、そう思います。それは、マスコミが、私が言っているような「黙殺権《もくさつけん》」を行使《こうし》しているだけなのです。

国民の大多数は、「『黙殺権』というものがあって、マスコミがそれを行使すれば、社会的事象として『ない』のと一緒《いっしょ》であり、そのように誘導できる」ということをまだ知りません。それを読み解く力を「メディア・リテラシー（メディア解読力）」というのですが、そうしたものを十分に知らないのです。

そのため、マスコミがメディアを独占《どくせん》している状況《じょうきょう》のなかでは、黙殺権の行使ができるわけです。

しかし、マスコミは、「民意を離《はな》れては、最後はマスコミも生き残れないのだ」ということを知るべきでしょう。

今は、出版業界も、一兆円以上も売上が減っているのです（注。書籍《しょせき》と雑誌を合わせた紙の出版物は、二〇一五年の推定販売《はんばい》金額が一兆五二二〇億円となり、ピークだった一九九六年の二兆六五六四億円から一兆円以上の落ち込《こ》みとなった）。もう、いつ潰《つぶ》れるか、青息吐息《あおいきといき》でやっています。そのなかで、（大川隆法のように）「二千書も本を出してくれる人」というのは、はっきり言えば、

〝神様・仏様〟です。本当に、もう少し感謝していただきたいと思います。

私は、活字文化を護《まも》っています。活字文化を護るべく頑張《がんば》っているのです。やはり、活字で本をつくるというのは、オンエアするだけよりも、はるかに時間と手間がかかる、根気の要《い》る仕事でしょう。そういう意味では、クレディビリティー（信頼性《しんらい》）が高く、大事な仕事だと思っています。

ですから、当会は、マスコミ系の軽減税率に反対はしていません。幸福実現党は、「税制をアップして、国民を苦しめる」こと自体に反対していますから、もちろん、軽減税率があっても構わないと思っています。しかし、そこで権力と組んで、結果的に国民を苦しめるほうに引っ張っていくのは、やめていただきたいということです。

「軍事的な問題」については、正々堂々と議論するべき

同じようなことで、軍事系統について言うのは、もうタブーに近いのだろうとは思いますが、政治家やマスコミは、「国民を危機に陥《おとしい》れるようなことがあってはならない」という前提の下《もと》に、勇気を持って、言うべきことはきちんと言ってください。それが、私は大事なことだと思います。

もし、それが言えないのなら、私たちが代弁《だいべん》しているので、それを間接的にお伝えください。そうすれば、国民もそれを認識することになります。

本講演の後《のち》、一月の末に、私は沖縄《おきなわ》で講演会を行うことになっています（本書第2章参照）。そもそも、なぜ私が政府に代わって辺野古《へのこ》の問題（普天間《ふてんま》基

地移設問題）に答えなければいけないのかとは思いましたが、いちおう〝砲《ほう》弾《だん》〟を撃《う》ち込みに沖縄まで行くのです。この国を間違《まちが》わせないようにするために、どうしても言わなくてはいけないことなので、述べておこうと思ったのです。

やはり、軍事的には、「北朝鮮《きたちょうせん》や中国の問題をどうするのだ」と迫《せま》られて、それをはっきりと答えられる政府でなければ駄目でしょう。ここが、もう間違っているのです。「国民の生命・安全・財産」、また、「国家の領土・領空」を含《ふく》めてもよいですが、これはきちんと護るべきです。

そして、現政権が憲法改正をしたいのなら、「したい」ということについて、論点・争点としてきちんと話し合って、選挙に出るべきです。「それを隠《かく》して選挙で勝とう」などということは、してはいけません。

「景気を調整する」と言って、軽減税率をぶら下げたり、三万円をばら撒《ま》いたり、そのようなことで釣《つ》って、多数を取ろうなどという姑息《こそく》な人たちは、もう引退してください。もう結構です。

また、正直に、国民のためになる議論を正々堂々と行って、それで選挙に負けるのなら、負けても構いません。しかし、『正義の法』を実践《じっせん》に移していっているところがそれで負けるのなら、その国民は滅《ほろ》びてもしかたがないでしょう。

あとは天意に任せるしかありません。ただ、まだ人間の力でやれることは残っているのですから、やるべきことをやりましょう。それが大事ではないでしょうか。

5 言うべきことを言う「幸福実現党」

「幸福実現党」はキチッと方針が決まっていてブレない政党

本講演を行う直前には、幸福実現党党首の釈量子《しゃくりょうこ》以下、何人かが出て、穏《おだ》やかに自己紹介《しょうかい》をいたしました。

何か、「そのあとに総裁の講演があるので、あまり興奮しないように」という指示が出ており、「絶叫《ぜっきょう》したり、わめいたり泣いたりはしないでください。静かに穏やかに、にこやかにやってください。霊域《れいいき》を乱《みだ》さないでください」という〝戒律《かいりつ》〟がかかっていたために、言いたいことがあまり言えなかったのではないかと思います。まことに申し訳ないことではありません。

ただ、幸福実現党は、二〇〇九年に立党したとき、衆院選（第45回衆議院議員総選挙）に三百三十七人の候補者を立てました。

そのとき、当会の広報担当者が現在の安倍《あべ》首相に会ったのです。当時は首相ではありませんでしたが、安倍さんや自民党幹部のところに、幸福実現党の候補者のリストを持って話しに行ったら、「ああ、これは自民党なら百人ぐらい当選します」と、リストを見て言ったと聞いています。

つまり、自民党から出れば百人ぐらい当選する人たちが、幸福実現党から出ると当選しなくなるわけです。これは、まことに、何らかの公平観を欠《か》いているということでしょう。

その間に、何か、「日本維新《いしん》の会」というのが出たり、「維新の党」になったり、また、「おおさか維新の会」と「維新の党」に分かれたりして、与党《よとう》だか野党だか分からないような争いをしています。

いずれにせよ、ムードのようなものや、視聴率《しちょうりつ》が取れるというようなことによって、あるいは、少し変わったことを言って〝暴《あば》れて〟みたりすると、バーッと話題に上るわけです。あるいは、府知事が市長になったりすると、「うわあ、面白《おもしろ》い」となったりするのですが、もう、からかわれているようなものでしょう。

とにかく、そういうもので尻馬《しりうま》に乗って、（テレビ局の）視聴率を取られて〝応援団《おうえんだん》〟にされるようなことは、慎《つつし》んでいただきたいと思います。もう少しキチッと方針が決まっていて、ブレないところを（選んで）取らなければいけません。

安倍《あべ》談話や従軍慰安婦《じゅうぐんいあんふ》問題に見る「安倍首相のブレ」

安倍《あべ》首相であっても、ブレてブレてブレまくりです。去年（二〇一五年）の「安倍談話」は何ですか？ 出さないほうがよかったでしょう。あの談話を発表したおかげで、（日本は）ずいぶん損をしました。

あれを撤回《てっかい》させるのに、あと何年かかるか分かりません。もしかすると、三十年かかるかもしれないし、百年かかるかもしれないのです。〝戦後百年の談話〟を出さなければいけないかもしれないぐらい、後退しました。

そして、年末には従軍慰安婦《じゅうぐんいあんふ》の問題がありました。十億円を払《はら》って、「慰安婦像を撤去《てっきょ》してもらえないか」とか、「最終的かつ不可逆的な解決」とか、少しおかしいのではないかと思うのです。

一九六五年に日韓《にっかん》の関係は、法律的に決着がついています（日韓基本条約）。それを、なぜ二〇一五年の末に、もう一度、「これで最後にします」というようにやらなければいけないのか、さっぱり分かりません。これはご機嫌《きげん》取りでしょう。ただ、それだけのことです。

安倍さんは、骨の通った保守本流の方だと思っていましたが、結局は〝軟体《なんたい》動物〟だったように私には見えます。イカかタコの仲間に見えて、グニャグニャです。

私たちは、背骨を一本、ピシッと通したい。

背骨を通して、言うべきことは言いたい。

たまには骨が喉《のど》に引っかかるかもしれません。
しかし、背骨のない政党なんか要《い》らない。
言うべきことは言います。

6 「一神教」の問題点を正す

宗教戦争を起こしているのは「極端《きょくたん》な一神教」

さて、北朝鮮《きたちょうせん》や中国の問題について述べましたが、イスラム圏《けん》の問題についても、同様に何度か触《ふ》れています。

今、国連の常任理事国になっている国が、「イスラム国」（ＩＳ）に対して、大量に空爆《くうばく》をかけているところです。これについて、「正義とは何か」を探究するのは非常に難しいと思います。

確かに、イスラムのテロだけを見ると、これは、「いくら何でも勘弁《かんべん》してほしい」と思うでしょう。

例えば、講演中に機関銃《きかんじゅう》を出す人がいて、前からバーッと百人ぐらいを撃《う》ったりしたら、これは大変なことでしょう。

そうしたテロ等の行為《こうい》だけを見ると、それは悲惨《ひさん》で、「もう、とてもではないが勘弁してほしい。こんな宗教はやめてほしい」というところはあるでしょう。しかし、その背景にあるものを、よく見なくてはいけないのです。

確かに、「宗教が絡《から》んで戦争が起きるから、宗教は嫌《きら》いだ」という人は世界にたくさんいます。日本には、特に、そういう人が多いでしょう。しかし、よく見てください。「宗教が原因で、紛争《ふんそう》が起きている。戦争が起きている」と言いますが、そうした「宗教が原因で」と言われている宗教は、ほとんど「一神教」です。いわゆる一神教の戦いなのです。

一神教を信じている人たちは、「自分たちの宗教の神様だけが正しくて、ほかのものは間違《まちが》っている」と、基本的に言っています。言葉を換《か》えて言えば、「ほかに、悪魔《あくま》の教えを信じている人がたくさんいる。十億人も二十億人もいる」と思っているわけです。したがって、最終的に戦いになるでしょう。

この部分が間違っているので、今、私は、さまざまな宗教の指導者の教えを出して、ここを粉砕《ふんさい》にかかっているのです。キリスト教も出しています。ユダヤ教も出しています。イスラム教も出しています。日本神道《しんとう》の教えも出していきます。

こういうところに、神々、高級霊《こうきゅうれい》が存在することを、世界の人たちはおそらく知らないでしょう。知らないから、知らせる必要があります。「相手も、神様、あるいは、神様に近い高級霊たちが指導している教えに基《もと》づいて生存しているのだ。そうした人がたくさんいるのだ」ということを知らせなければいけないのです。

もちろん、なかには明確に悪魔が入った宗教もあるでしょうが、それが多数ではありません。また、そうした教えが十億人や二十億人に広がることは、めったにないのです。

そういう意味において、極端な一神教が宗教戦争を起こしているということを、よく知っていただきたいと思います。

やはり、キリスト教にも、イスラム教にも、ユダヤ教にも知ってほしいし、今年（二〇一六年）は、「伊勢志摩《いせしま》サミット」に各国の首脳が来る予定なので、伊勢神宮《じんぐう》を見たあとで、ぜひ〝悟《さと》り〟を開いていただきたいと思うのです。

「世界にはいろいろな神様がいるし、人々を導いている偉大《いだい》な指導霊がいるのだ。それぞれの国にいろいろな宗教があって、その程度に差はあったり、人数に差はあったりするかもしれないけれども、それが実際の天上界《てんじょうかい》の本当の姿なのだ。そのなかで、『自分たちはこの教えを選んで、それを信じている』というう位置づけなのだ」ということを知れば、戦争に対する考えは大きく変わってきます。

イスラム教スンニ派は「悪魔《あくま》の教え」ではない

今、イスラム教圏では、かつて処刑《しょけい》されたイラクのサダム・フセインがスンニ派という宗派にいたために、スンニ派のほうは非常に追いやられている状況《じょうきょう》です。イランという国も、シリアという国も、サダム・フセイン一派を放逐《ほうちく》したイラクという国も、今、シーア派が固めています。

一方、サウジアラビアはスンニ派という宗派が多数を占《し》めているため、これでまた戦争が始まろうとしているのです。「ホルムズ海峡《かいきょう》の危機」というものが本当に起きるかもしれません。今、そういう状態になっています。

しかし、シーア派もスンニ派も、後継者《こうけいしゃ》選びだけの違いであり、もともと同じ教えから分かれてきたものなのです。

実は、ムハンマドには、従兄弟《いとこ》であり、自分の娘婿《むすめむこ》でもあったアリーという右腕《みぎうで》にしていた後継者（カリフ）候補がいました。ところが、ムハンマドが六十二歳《さい》ぐらいで亡《な》くなったときに、アリーはまだ三十歳ぐらいだったのです。

そこで、「若すぎる」ということで、〝おじさん〟がたが間に入り、カリフの

●シーア派が……　イスラム教徒全体では、スンニ派が８割以上を占め、シーア派は少数派だが、イラン、イラクではシーア派が多数。シリアでは少数派のシーア派が政権を支配している。

初代、二代目、三代目になったため、アリーは四代目になってしまいました。

要するに、アリーを「正統派だ」と言っているところが「シーア派」になり、それを認めずに、初代、二代目、三代目の流れのなかから選んでいったものを、「スンニ派」と呼んでいるわけです。

もちろん、教えのウエイトは少し違い、スンニ派のほうがやや霊的な秘儀《ひぎ》が多いことは多いのですが、シーア派と同じ教えではあります。

したがって、両者が徹底的《てってい》に争うようなところまで持っていってはいけないでしょう。

また、今、「イスラム国」にはスンニ派の人が中心に集まっており、世界の主要国がこれに空爆をかけているわけですが、「彼らを皆殺《みなごろ》しにするのであれば、それはヒットラーと変わらない」と私は言いたいのです。それは、彼らの教えが「悪魔《あくま》の教え」ではないからです。

そこで、「スンニ派も、イスラム教の正統な一派であり、そういう人たちが信仰《しんこう》しているのだから、どこかで争いを終わらせなければいけない。また、キチッと話し合いをして、彼らが生きていける場所をつくるべきである。国際社会のなかでは、それを認めなければいけない」ということを述べているのです。

ただ、（主要国側は）まだ冷静さを欠いているので、分からないかもしれません。

7 新しい時代には「新しい政党」を

ロシア・プーチン大統領も信じた自分の「守護霊霊言《しゅごれいれいげん》」

それから、北朝鮮《きたちょうせん》や中国への抑止力《よくしりょく》の問題として、日本にとってはロシアとの友好が非常に大事でしょう。

ちなみに、これは大使館を通じて聞いていることですが、ロシアのプーチン大統領は、ロシア語に訳された自分の守護霊霊言《しゅごれいれいげん》（日本語版は『ロシア・プーチン新大統領と帝国《ていこく》の未来』〔幸福実現党刊〕、『プーチン大統領の新・守護霊メッセージ』（幸福の科学出版刊）参照）を読んでいるそうです。

そして、彼は、「日本では、幸福の科学以外に信じられるところはない」「唯一《ゆいいつ》、信じられるのは幸福の科学だ。大川隆法が来たら、いつでも会う」と言っているという話もあるようです。

したがって、幸福実現党からは地方議員が出ていますけれども、国政にも出てほしいのです。

もちろん、プーチン大統領と会ってもよいのですが、国政のほうにつなげなければ意味がないでしょう。彼は、「ほかの人は嘘《うそ》つきばかりだ。しかし、幸福の科学の大川隆法の言っていることは、

『ロシア・プーチン新大統領と帝国の未来』
（幸福実現党刊）

『プーチン大統領の新・守護霊メッセージ』
（幸福の科学出版刊）

一貫《いっかん》してブレていない」と思っているのです。

さらに、プーチン大統領は、自分の守護霊霊言を読んで、「これは自分の考えだ」と言っているそうです。つまり、守護霊霊言は彼の本心と合っているわけです。

したがって、みなさんには、大変だとは思うのですが、そういう環境《かんきょう》をつくってほしいと思います。票を入れてもしかたがない政党にいくら入れても、しかたがないでしょう。「政策内容は分からないが、よく知っている旧《ふる》い政党に入れれば、それで事《こと》が済む」と思っているのかもしれませんが、新しい時代には、「新しい容《い》れ物」が必要なのです。

実際に、政治として幸福を実現しようとする幸福実現党ができていますので、どうか多くの方々に、それを推薦《すいせん》してください。

今はまだ、信者のなかのごく一部しか政治活動はしていないでしょう。当会は強制力をかけていないので、〝熟成《じゅくせい》〟していくのを待っているわけですが、信者のなかにも自民党や民主党を応援《おうえん》している人も数多くいると思います。

もちろん、たまにはそのようにしないと、民主党の岡田《おかだ》代表の親族が経営者であるイオンのようなところで、当会製作の映画が上映されなかったりもして、〝被害《ひがい》〟を被《こうむ》ることもあるので、しかたがないところもあるかもしれません。

ただ、今年は〝市民権〟を得る政党に持っていけるように、後押《あとお》しをお願いします。どうか、よろしくお願いします。

第2章

真実の世界

二〇一六年一月三十日　説法《せっぽう》
沖縄《おきなわ》県・沖縄コンベンションセンターにて

1　沖縄《おきなわ》に見る「言論・出版の自由」

少しずつ動きつつある「沖縄《おきなわ》の世論《せろん》」

今日（二〇一六年一月三十日）の講演は全国衛星中継《ちゅうけい》もしてはいますが、本会場（沖縄《おきなわ》コンベンションセンター）の入場者は沖縄の人だけにしているとのことですので、主に沖縄の人向けの話をしようと思っています。

以前、この会場で私が講演会をしたのは三十四歳《さい》のときであり、ずいぶん前のことになります（注。一九九〇年十一月二十三日に、法話《ほうわ》「押し寄せる愛の大河」を行った。『信仰《しんこう》と愛』〔幸福の科学出版刊〕参照）。

そのとき、私は〝沖縄タイム〟というものを知らなかったのです。これが失敗でした。講演会を行う際、普通《ふつう》は、「午後二時開演」とすると、どこでもピシッとそのとおり始まるのですが、前回の講演では二時開演のはずが、一時間待ってもなかなか始められず、「もう待てないから始めてしまおう」ということで、三時には始めたのです。それでも、まだ次から次へと人が入ってきたわけです。こういう経験は初めてだったので、ちょっと分かりませんでした。

実際は、車が一方通行に渋滞《じゅうたい》して動かない状態になってしまっていたらしい

『信仰と愛』
（幸福の科学出版刊）

のですが、「そういうこともあるのだな」と思い、今回は用心《ようじん》して時間設定をしました。

そういう経験を一度すると、そのあと、沖縄では小さな講演会ばかり行うようになり、なかなか大きいところではできなくなっていたのですが、そろそろ、できる時期が来たのではないかと考えている次第《しだい》です。

また、沖縄《おきなわ》といっても、この沖縄本島だけが「沖縄」ではありません。八重《やえ》山《やま》諸島の辺りもそうです。

今日、沖縄に来るに当たり、石垣《いしがき》市の中山義隆《なかやまよしたか》市長からも、「二十七年ぶりの沖縄での大講演会おめでとうございます。ご盛会《せいかい》を祈念《きねん》しています」というような直筆《じきひつ》の手紙を頂いています。

そういう意味で、いろいろな方々が、いろいろな考えを持っておられるのだなということを感じました。

以前、石垣島で講演会を行《おこな》ったときには市長がお見えになり、私のほうからも、「いろいろなところに意見を言っても通らないでしょうから、何か有事がありましたら、大川隆法のところへ言いにきてください」ということを言っておいたのです（注。二〇一〇年十月三十日にANA《アナ》インターコンチネンタル石垣リゾートにて、法話「国境を守る人々へ」を行った。『平和への決断』（幸福実現党刊）参照）。「私に言えば、必ずどこかに通じますから」と申し上げておいたのですが、今回が〝有事〟だったのでしょうか。励《はげ》ましを頂くとは思いませんでした。

「この機会に、ぜひとも、沖縄の世論《せろん》を変えて

『平和への決断』
（幸福実現党刊）

いただきたい！」といった希望が入っていたように感じられます。

また、先般《せんぱん》、宜野湾《ぎのわん》市長選もあったようですし、沖縄の考え方も少しずつ動いているのではないかと思っています（注。一月二十四日に沖縄県宜野湾市の市長選挙が行われ、与党《よとう》系推薦《すいせん》で米軍普天間《ふてんま》基地の辺野古《へのこ》移設容認派の現職・佐喜眞淳《さきまあつし》氏が再選した）。

地元紙の「沖縄タイムス」と「琉球新報《りゅうきゅう》」の二紙は、本土からは完全に左翼《さよく》新聞のように言われることが多いのですが、今日は両紙とも、一面のいちばん下に、大川隆法講演会の広告を載《の》せてくださっています。まことにありがたいことです。ですから、私は、あまり一面的な捉《とら》え方をしてはいけないのではないかと思っています。

地元の人たちのいろいろな意見を代弁して記事を書いておられるのでしょう

けれども、「言論・出版の自由」をきちんと認めているわけです。私が沖縄に来るときには、ちゃんと一面に広告を載せてくださるし、何日か前にも載っていたと思うので、このあたりは、「やはり日本だな」と、つくづく思いました。ありがたいことです。

「言論・出版の自由」が許されない共産主義国家・中国

これが、いわゆる左翼と言われている国家、共産党が支配している国家へ行くと、このようにはいきません。ずっと抑《おさ》えられているため、「言論・出版の自由」がなく、意見を自由に出せない状態なのです。

以前、私が講演のために香港《ホンコン》に上陸したとき（注。二〇一一年五月二十二日に、英語説法《せっぽう》“The《ザ》 Fact《ファクト》 and《アンド》 The《ザ》 Truth《トゥルース》”（「事実」と「真実」）を行った。『大川隆法 フィリピン・香港 巡錫《じゅんしゃく》の軌跡《きせき》』〔幸福の科学出版刊〕参照）、夜十一時すぎにホテルのテレビをつけたところ、私が製作総指揮したアニメーション映画「永遠の法」（二〇〇六年公開）が放映されていました。それで、私もそれを観《み》ていたのですが、途中《とちゅう》でブラックアウトしてしまいました。画面が真っ黒になって、まったく映《うつ》らなくなったのです。

ものの見事に映らなくなってしまったので、

「どうしてブラックアウトしているんだ？　どこでなったんだ」と思い、確認してみると、霊界《れいかい》のシーンが始まったところから切れていました。

『大川隆法 フィリピン・香港 巡錫の軌跡』（幸福の科学出版刊）

　やはり、唯物論《ゆいぶつろん》国家からの妨害《ぼうがい》が入っているのでしょうか。「霊界」というのは、マルクスは認めていない世界であるので、〝真っ黒〟になってしまったわけです。

　つまり、これは、「言論の自由」「表現の自由」がないということです。

　また、最近では、香港の書店の関係者が五人ほど行方《ゆくえ》不明になったと言われています。その書店が、習近平《しゅうきんぺい》主席の若き日の過《あやま》ちらしいものが書いてある本を出そうとしていたらしく、そのためか、社長がタイで

2011年5月21日、フィリピンでの巡錫説法を終え、ただちに香港へ移動。翌22日に九龍湾《きゅうりゅうわん》・国際展貿センターで説法を行った（写真左）。前夜、香港の各家庭では映画「永遠の法」がテレビ放映されていた（写真右）。

拘束《こうそく》され、残りの四人も中国本土で拘束されているらしいなどとも言われています。

このように、中国が「香港の自由を五十年ぐらいは残す」と言っていたにもかかわらず、すでにその自由は失われてきつつあるということを知ってください。

「言論・出版の自由」がある日本は、やはり先進国

やはり、日本はありがたい国だと思うのです。「沖縄の知事が、首相のクビを飛ばすこともできるぐらいの暴《あば》れ方ができ、それでも捕《つか》まることもない」というのは、中国とは全然違《ちが》う国体だということを意味しています。

「言論の自由」は、一元国家、全体主義的な国家から見れば、非常に弱い民主主義体制に見えます。いろいろな人がいろいろなことを言って、なかなか意見が固まらないように見えるので、弱く見えることもあるのですけれども、やはり、多くの民意を反映しながら、いったん気持ちが固まると、前に向かって進んでいき始めたときには、非常に強いものがあるということが言えるでしょう。

北朝鮮《きたちょうせん》なども、今は一人の意思ですべてが動くようになっていると見えるかもしれませんが、やはり、金正恩《キムジョンウン》氏も、内心、暗殺を非常に恐《おそ》れていると思います。そのため、自分を暗殺する可能性がある立場にいる人をどんどん粛清《しゅくせい》していますが、その可能性は極《きわ》めて高いと、私も見ています。それは、内部からされることもあろうし、韓国筋《かんこくすじ》あるいはアメリカ筋からということもあるでしょうけれども、独裁者というのは狙《ねら》われやすいところがあるものです。

やはり、「批判を許さない体制」というのはあまりよいものではありません。民主主義国家においても、いったん決めたことは実践《じっせん》しなければいけないのですが、その過程で、トップにある人、権力を持つ人が、多くの人たちの意見、反対意見など、多様な意見を受け入れ、さまざまな批判を受けながら、それでも、「国民、民衆のためには、やはり、こうしたほうがよい」と思うものを進めるということによって、一度、智慧《ちえ》の練り込《こ》みがなされるため、比較《ひかく》的、間違いが少ないのだと思うのです。

そういう意味で、反対する者を、即《そく》、排除《はいじょ》してしまったり、逮捕《たいほ》したり、あるいは、殺してしまったりするような体制は〝残念な体制〟であると考えています。

逆に、沖縄で米軍基地の移転反対運動など、さまざまな反対運動が数多く起きていても、度量を持ってそれを受け止めている日本という国もまた、ある意味では器《うつわ》が大きく、やはり先進国なのだと思います。

2　本土とは違《ちが》う沖縄《おきなわ》の「左翼《さよく》」

地方自治レベルで国家の外交問題まで口を出すのは、やりすぎ

ただし、本土のほうから沖縄《おきなわ》での報道を見ていると、やや心配になるような報道もないことはありません。「アメリカ軍よりもジュゴンを護《まも》れ」というような報道が伝わってきたりするので、東京のほうから見て「大丈夫《だいじょうぶ》かな」と思うようなこともけっこうあるのです。ただ、そういうさまざまな意見を言ってもらいながら、国論を〝もみほぐして〟いくことも大事なのではないかとは思

います。

このあたりの問題に関しては、民主党政権のときにも首相が交替《こうたい》になったこともありますし、安倍《あべ》政権になっても〝沖縄の民意〟によっていろいろと揺《ゆ》さぶられることは多くあります。

ただ、地方自治の本分《ほんぶん》からすれば、「外交の問題」にまで口を出して国を引っ繰《く》り返すというのは、少々やりすぎのところがあります。それをやるとしたら、明治維新《いしん》のときの武力革命のようになってしまう面もあるので、やはり、ほどほどのところで止《と》めなければならない「分《ぶん》」はあるでしょう。

ギリシャのような風景の沖縄《おきなわ》が〝坩堝《るつぼ》〟のようになってきて残念

私は、沖縄《おきなわ》はとても好きな場所であり、これまでに訪《おとず》れた回数も非常に多いのです。

昔はよく保養で来ていたのですが、だんだん〝戦闘《せんとう》モード〟が強くなり、そういうわけにはいかなくなってきたので、少し残念な気がします。

かつて「ヘルメス――愛は風の如《ごと》く」というアニメーション映画（一九九七年公開。製作総指揮・大川隆法）をつくりましたが、その原作である『愛は風の如く』（幸福の科学出版刊）は、私が沖縄のホテルに滞在《たいざい》しているときに執筆《しっぴつ》したものです（注。『愛は風の如く』は、エーゲ海のクレタ島に生まれた古代ギリシャの英雄《えいゆう》ヘルメスの活躍《かつやく》を描いた物語）。あのような気持ちで沖縄を見ていたわけです。

そのように、沖縄はギリシャのようなきれいな風景ではあるのですが、今、〝坩堝《るつぼ》〟のようになってきているのが少し残念なところです。ただ、そこは、大きな気持ちでもって受け止めなければいけない面もあるのでしょう。

唯物論《ゆいぶつろん》的左翼《さよく》とは違《ちが》う「沖縄《おきなわ》の左翼」の独特なメンタリティー

そして、「沖縄《おきなわ》は左翼《さよく》が強い」と言われていますが、その左翼の根本《ねもと》をずっとたどってみると、日本の本土のほうの左翼とは違《ちが》うような気がしてなりません。

本来の「左翼」というのは唯物論《ゆいぶつろん》的な左翼です。「この世には物しかない」と思い、霊《れい》やあの世といったものを否定し、「この世、地上の命だけが大事だ」というように唯物論的に考えるのが本来の左翼なのですけれども、どうも、沖縄の左翼はそうではないような気がします。

七十年余り前、たくさんの方が戦死されました。その戦死された数多くの方々の無念の思いを受け、それが反発心や反抗心《はんこうしん》、あるいは国への不信感など、そういうかたちで出た左翼であって、唯物論的な左翼とは違うのではないかという気がするのです。

亡《な》くなられた方々の供養《くよう》をするに当たり、先祖供養という行為《こうい》は、全般《ぜんぱん》的には、あの世を認め、神仏も認めて、先祖に感謝したり、亡くなった先祖の幸福を祈《いの》ったりする行為なので、本来は保守的な行為なのです。

この沖縄の地において、そういう制度は十分に根がついている状態なのですが、同じく先祖供養をする気持ちのなかにも、そうした「保守的な方向に出る場合」と、「左翼運動や環境《かんきょう》運動のほうに転じていく場合」とに分かれているような気がします。

この、沖縄の独自のメンタリティー、考え方を、日本全国の人たちはもう少し理解しなければならないのではないでしょうか。

県民の四分の一が亡《な》くなったといわれる沖縄《おきなわ》戦

はっきり言えば、七十年余り前の大戦の沖縄《おきなわ》戦において、当時の沖縄の人口約四十万人のうち、一般人は九万から十万人ぐらい亡《な》くなっているようです。

また、本土から沖縄の守備に来ていた軍人が六万五千人、沖縄出身の軍人が三万人ほど、合わせて十万人弱の軍人が亡くなっており、合計すると二十万人近くの日本人が亡くなっているわけです。

当時の（民間人の）人口の四分の一に近い人数が亡くなったということは、沖縄の方の身内には必ず何らかの不幸があったと見てよいと思われます。やはり、根本《こんぽん》には、「この気持ちが、他の四十六都道府県の方々に分かっているのか！」ということがあったのではないかと思うのです。分かるとしたら、広島・長崎《ながさき》ぐらいかもしれません。

「広島・長崎の人は分かるかもしれないけれども、あとは分からないのではないか」という気持ちがあり、その訴《うった》えかけが、米軍基地移転反対運動になったり、米軍反対運動になったり、オスプレイの反対運動になったりと、いろいろなかたちで現れてきているのではないかという気がいたします。

本土と経済格差のある沖縄《おきなわ》も、世界的に見れば繁栄《はんえい》している

今朝《けさ》（二〇一六年一月三十日）の地元沖縄《おきなわ》の新聞等には、「沖縄の子供には貧しい家庭の比率が非常に高い」というようなことも書いてありました。

これも考え方の問題ではありますが、当会のように世界百カ国以上で活動していると、「貧しい」というのにはもっとすごいレベルがあるということも、そうとう知っています。

例えば、日本に飛行機で来るだけで一年分の年収が飛んでしまうというレベルの国の方々は大勢いるのです。

「現地で熱心に活動されている会員の方だから大丈夫だろう」と思って、日本にお呼びして研修に連れていくと、ときどき、国内で〝逃走《とうそう》〟して行方不明《ゆくえ》になる方がいます。アジアやアフリカの国の方でもそういうことが起きます。

なぜかというと、日本でステイ（滞在）できる期間がありますが、それを破って何カ月間か国内に隠《かく》れ、その間に働いてお金を貯《た》めれば、自分の国では家が一軒《いっけん》建つからです。

そのように、家族のために何カ月間か、とにかく日本国内のどこかに行って働いて、自分の国にお金を送ろうとして、いなくなることがあります。私たちはときどきショックを受けるのですが、経済力に「百対一」ぐらいの差があると、やはり、そういうことが起きてしまうのです。

確かに、沖縄の人たちは、まだ全国的に見れば、豊かなほうにはなっていないでしょう。しかし、世界のいろいろな国から比較《ひかく》すると、やはり、日本という国は非常に豊かな国です。また、沖縄も空港から降りてくると、そこそこ立派な繁栄《はんえい》を見せているように思います。

私は、戦後七十年余り、こうした繁栄を営々《えいえい》と築いてきた先人たちに対して、「よく頑張《がんば》った」と思いますし、敗戦の記憶《きおく》のなかから不死鳥《ふしちょう》のように甦《よみがえ》ってきたことも、素晴《すば》らしいことだと思うのです。

3 「日米同盟」が日本全体の平和を護《まも》る

日本は「アメリカとの同盟関係」によって護《まも》られている

もちろん、米軍の駐留《ちゅうりゅう》に関して、いろいろな意見があることは承知しています。

また、先の沖縄《おきなわ》戦では二十万人近くの人が亡《な》くなっていますが、このなかには、米軍の艦砲射撃《かんぽうしゃげき》や機関銃《じゅう》による掃射《そうしゃ》、あるいは火炎《かえん》放射器等で殺された人たちがたくさんいるわけです。

もし身内として、そうした記憶《きおく》のある人がいたら、それほど簡単に許せることではないでしょう。正直に本心から言えば、本当は許せることではないと思います。

しかし、現在、アメリカという国は日本の〝友達〟になってくれているわけです。過去、どのようなことがあったとしても、現在、友人関係が築けています。これは、とても大きな資産です。

さらに、アメリカという国は、今、世界最大の経済国家でもあり、かつまた、世界最大の軍事国家でもあります。今、「こうした世界最大の国と日本が同盟関係にある」ということは、日本がものすごく護《まも》られた状態にあることを意味しているのです。

「日英同盟」が残っていたら、日本は敗戦国にならなかった

では、先の大戦を振《ふ》り返って、その根本《こんぽん》を探《さぐ》ってみましょう。

かつて、日本とイギリスとの間には、「日英同盟」というものがありました。この日英同盟があったことが、日露《にちろ》戦争に有利に働きましたし、第一次大戦のときにも、日本に非常に有利に働いたのです。

ただ、第一次大戦のときに、日本の軍隊は、地中海辺りまで艦船を派遣《はけん》したものの、実際上、ほとんど戦いはしませんでした。〝中国にあったドイツの租借地《そしゃくち》を少しつついた〟ぐらいしか戦っていなかったのです。

こうした、日本の働きが十分ではなかったところが、その後、日英同盟が破《は》

棄《き》される流れになっていったのかもしれません。

ともかく、当時は、イギリスが世界最大の国家だったので、もし日英同盟を破棄されずに維持《いじ》できていたら、先の大戦において、日本は敗戦国になっていない可能性が極《きわ》めて高いでしょう。

その意味で、「外交」というのは、とても大事です。イギリスとアメリカは戦わないので、もし日英同盟が残っていたら、日本はアメリカと戦うことはなかったはずなのです。

そうすると、沖縄の二十万人の戦死者もなければ、太平洋戦争あるいは大東《だいとう》亜《あ》戦争での三百万人の戦死者もなかったかもしれません。また、天皇皇后《こうごう》両陛《へい》下《か》が、最近、フィリピンに行かれて、慰霊《いれい》の旅をなされていますが、フィリピンでの日本人五十一万八千人の死者もなく、フィリピン人百万人余りの死者もなかったかもしれないのです。

今、アメリカと戦争をして勝てるような大国はない

やはり、「外交」というのは非常に大事であり、国家全体の有事にかかわることなのです。

今、日本はアメリカと日米同盟を結んでいます。「こんなもの、どうでもいい」と思っている人もいるかもしれません。

しかし、今、アメリカ以外にも、中国やロシア、あるいはＥＵなど、強い国家はたくさんありますが、本気でアメリカと戦争をして勝てるような大国はないのです。アメリカもゲリラ戦とか、テロとか、そうしたものには非常に弱い

ように思いますが、近代戦でアメリカに勝てる国はありません。

ともかく、かつての憎《にく》しみはあったかもしれないとしても、今は日米は〝友人関係〟になっているわけです。

朴槿恵《パククネ》大統領が、今、日本に対して軟化《なんか》している理由

なお、沖縄にアメリカの海兵隊がいることに対して、「グアムに帰れ」という声もあるわけですが、韓国《かんこく》には、アメリカの海兵隊はいません。沖縄にはいるけれども、韓国にはいないのです。

その意味で、今、韓国がいちばん恐《おそ》れていることは、北朝鮮《きたちょうせん》の金正恩《キムジョンウン》氏が暴発して、ミサイルを発射したり、核《かく》兵器を使ったりすることでしょう。

しかし、韓国がもう一つ、ものすごく恐れているのは、金正恩氏が暗殺などされて国家が崩壊《ほうかい》した場合、北の難民がダーッと韓国になだれ込《こ》んできて、経済的混乱が起きることなのです。

このとき、韓国には、「日本の協力なくしては立ち直ることはできない」という状況《じょうきょう》がやってくるでしょう。

そのようなことがあるので、今、「日本に対して、かなり厳しい〝牽制球《けんせいきゅう》〟を投げ続けていた朴槿恵《パククネ》大統領も、やや軟化《なんか》している。少し態度を和《やわ》らげている」というような状況があるわけです。

もし今、北の難民が一気に南になだれ込んだら、韓国経済は簡単に崩壊してしまうでしょう。そのとき、韓国は、「日本に助けてもらうしか方法がない」という状況だろうと思います。

そうしたことが、国際政治のなかでは動いているわけです。

4 「負けない国と組む」ことの大切さ

昨年は「昭和天皇」、本年は「今上天皇《きんじょう》の守護霊《しゅごれい》」が来られた

一方、日本の国内においては、天皇陛下《へいか》が八十二歳《さい》のご高齢《こうれい》を押《お》して、フィリピンに五日間ほど、慰霊《いれい》と親善のために行かれました。今日（二〇一六年一月三十日）、帰ってこられるようですが、これを私は非常に複雑な気持ちで見ていました。

天皇陛下は、昨年（二〇一五年）のペリリュー島ご訪問など、いろいろなと

ころを慰霊に回っておられます。もちろん、慰霊そのものに対して反対する向きは少ないと思いますし、「ありがたいことだ」と言っている人や、「うれしい」と言っている遺族の人たちは、けっこう多いように思われます。

ただ、一つ、やや心配な点が出てきました。というのは、今上《きんじょう》天皇がフィリピンにおられるときに、その守護霊《しゅごれい》が東京にいた私のところへ来られたのです。

ちなみに、ちょうど、昨年の春、四月に私が沖縄《おきなわ》に講演をしに来たときには、本にもなっていますが、沖縄のホテルに昭和天皇の御魂《みたま》が私に会いに来られて、話をしました（『真の平和に向けて』〔幸福の科学出版刊〕参照）。

そのとき、昭和天皇は、「生前、戦後の沖縄に一度も来られなかったのが悔《く》やまれる。だから、代わりに何か話してほしい」というようなことを頼《たの》みに来られたのです。

国家体制の変化を恐《おそ》れる今上《きんじょう》天皇の守護霊からの言葉とは

今回、今上《きんじょう》陛下は、フィリピンに慰霊の旅をしながら、その守護霊が東京の私のところに来られ、今の日本の国のあり方を心配して、次のようなことを述べられました。

「天皇制が残ったのは、GHQとの約束による。日本は、戦後、平和国家をつくって憲法を護《まも》るということと引き換《か》えに、天皇制を残してもらうという約束をして、それをずっと守って、やってきているのだ。

ところが、現在の安倍《あべ》政権は、憲法を無視して、どんどん軍事大国化への道を開こうとしているようにも見える。自分としては、そのへんがとても怖《こわ》い感じがしておるのだ」

以前、今上天皇は、民主党政権の菅《かん》首相のときに不快感を示しておられたように見えましたが、今度は、自民党の安倍首相のときにも、やはり、何となく国家の体制が大きく変わっていきそうな感じを怖く思っておられるようなのです。

そのため、慰霊の旅でフィリピンに行き、言葉を換えて、はっきり言うならば、「先の戦争をして、ごめんなさい」というようなことを謝《あやま》って回られながら、日本人の慰霊だけではなく、フィリピンの方々の慰霊もやっておられるわけです。

つまり、「日本が拡張主義で戦争をしたために、大勢の人が亡《な》くなった。二度とそういうことはしません」というようなことをお詫《わ》びして回ることによって、どうも安倍政権に、「そういうことを二度としてはいけないよ」というメッセージを背中で送っておられるらしいのです。

確かに、戦後の体制としては、そのように教育されていますし、戦後七十年は、主としてそうした基調《きちょう》のなかにはあったでしょう。

今までの日米関係に不満足なトランプ氏が米大統領になったら?

ただ、そのなかに、一つ問題があると思うのです。

日本の外務省が宮内庁《くないちょう》と一緒《いっしょ》に、天皇陛下をフィリピンにお送りした理由のなかには、日中関係において、将来、この沖縄を中心にして軍事的な衝突《しょうとつ》がいろいろ起きる可能性がある、ということがあります。そのため、現政権は、「今、フィリピンやベトナムなどとの関係も改善しておく必要があるし、オーストラリアとの関係もよくしておく必要がある」というかたちで動いているので、そうした気持ちを受けて、天皇陛下がフィリピンに親善《しんぜん》訪問されたようにも見えます。

外務省のセッティングとしては、そうしたようにも見えるのですが、そのなかで、天皇陛下は、安倍首相に対し、背中で少し違《ちが》うメッセージも送っておられるように見えました。

このあたりは、天皇制の存続がかかった問題なので、今上陛下としては、「先のような大戦が起きるのは二度とごめんだ」と思っておられるのだと推定します。

しかしながら、次には、先ほど述べた、「日米関係の維持《いじ》の問題」が出てくるのです。

「日本の国体が維持できるかどうか」は、別の観点から、つまり国民の観点からも見なければいけないと、私は思っています。

今、アメリカ大統領選挙における共和党の有力候補で、ドナルド・トランプという方がいますが、私は、彼の守護霊霊言《れいげん》を出しました（『守護霊インタビュー ドナルド・トランプ アメリカ復活への戦略』〔幸福の科学出版刊〕参照）。

彼の性格は非常に変わっているので、「まさか（大統領には）ならないだろう」と思っている方が多いのですが、私は、「可能性としては、けっこうある」と見てはいます。

例えば、彼がアメリカの大統領になった場合、どうなるでしょうか。

彼は、日米関係について、「アメリカだけが一方的に日本を護って、日本はアメリカを護らないというのは、おかしいじゃないか。不公平じゃないか」と、はっきりとおっしゃる方であるので、やはり、今までの日米関係には不満足なのだろうと思われます。

昨年、日本では、集団的自衛権に関する法案が通りました（注。二〇一五年九月十九日、集団的自衛権の行使容認を含《ふく》む安全保障関連法案が、参議院本会議で可決・成立した）。民主党などが、今年、それをまた引っ繰《く》り返そうとしてはいますが、もし、引っ繰り返されるようなことがあったら、日米同盟が切られてしまう可能性が十分にあるのです。

その場合、日本は、「アジアにおいて、核《かく》兵器をたくさん持っている国に囲まれながら、どうやってこの国を護るか」ということを考えなければならなくなるでしょう。

「世界最強国」との同盟堅持《けんじ》は政治家の義務

私は、政治家としての資質についてはたくさんあると思いますが、いちばん大切なことは、「負けるような戦争をしないこと」だと思うのです。

これは、左翼《さよく》的な意味で言っているのではありません。「負けるような戦争をしない」とは、「戦争に負けるような国と組んでは駄目《だめ》だ」ということです。

それは非常に大事なことであり、「どの国と組んでいれば負けないか」を考えることは、政治家として非常に大事な義務になります。これによって、国民を護ることができるのです。

先の戦争では、「ドイツは強い」と思ってドイツと組み、大変な目に遭《あ》ってしまいました。もう少しドイツの実態を知っていれば、ああはならなかったでしょう。

なお、杉原千畝《すぎはらちうね》さんは、ドイツに関して、「この国は、ちょっと怪《あや》しいぞ」と、戦争前から言っていたようです。もし、日本の首脳部がそれを知っていれば防げたものはあるので、外交のレベルの問題は、とても大きいのです（『杉原千畝に聞く　日本外交の正義論』〔幸福の科学出版刊〕参照）。

いずれにしても、今、日米安保《あんぽ》を堅持《けんじ》しておくことは、必ずしも、「日本がアメリカに従属《じゅうぞく》している」ということを意味するわけではありません。これは、日本自体が、この国を護るために、今のところ必要不可欠な考え方なのです。

日本は、まだ、日本国憲法の改正もできないでいます。また、本格的に核大国と渡《わた》り合えるだけの力もありません。経済力だけは、ある程度はありますが、その国体を変える時間が、今ないのです。

しかし、「アメリカ軍が日本と友好関係にある」ということは、何よりも大きなことであり、先ほど述べた日英同盟があるのと同じことを意味します。つまり、「世界最強国と同盟を結んでいる」ということなので、これは非常に強い関係であり、これを維持することは、どう考えても必要であるのです。

5 「正しさ」を貫《つらぬ》く幸福実現党

一貫《いっかん》してブレていない幸福実現党の候補者たち

その意味で、私は、「たとえ誰《だれ》が沖縄《おきなわ》県知事になろうとも、国の基本的な方針を引っ繰《く》り返すようなことをしてはならない」と考えています。申し訳ないけれども、それは、「分《ぶん》」というものだと思うのです。

それがしたければ、日本の総理になるべきでしょう。総理にならなければ、それはやってはならないことであり、この点については、やはり一言《ひとこと》、〝客観的な目〟として言っておかねばならないと思います。

先ほど、金城《きんじょう》タツローさんがお話をしていました（注。講演の事前プログラムとして、幸福実現党の釈量子《しゃくりょうこ》党首と沖縄県出身の金城タツロー候補、司会の白倉律子《しらくらりつこ》氏による「幸福実現党ホンネトーク」が行われた）。まだ、「彼を総理にしろ」と言っているわけではありません。

ただ、「選挙に六回戦も挑《いど》む」というだけの勇気については「すごいものだな」と思いますし、人によれば、「沖縄で金城さんといったら、一人しかいないだろう。いちばん有名な金城さんは、金城タツローさんだ」と言ってくださる方もいます。それは、「選挙にそれだけよく出ている」ということでもありましょう。

ともかく、日本の国の動きをよく見ていただきたいのです。

米軍基地の辺野古《へのこ》移転についても、今、政府がそのように動いていますが、これも政府は〝逃《に》げ腰《ごし》〟でやっていました。

また、鹿児島《かごしま》の川内《せんだい》原発についても、民主党も自民党も、「もう稼働《かどう》しない」というようなことを言っていたのです。しかし、当時は千数百票しか取れませんでしたが、幸福実現党の候補者は、「いや、再稼働すべきだ」と言っていました。この意見が通って、今、川内原発は動いているのです。

高浜《たかはま》原発だってそうです。稼働しなければ、関西の電力は、どうするのでしょうか。

そのため、幸福実現党は、選挙に負けることを知っていても言い続けたのですが、嘘《うそ》をついてそう言わなかったところが、選挙が終わったあと、勝ってから、幸福実現党の意見をそのまま実行しています。

●幸福実現党の候補者は……　幸福実現党の松澤力《まつざわいさお》氏は、2012年の衆院選や2013年の参院選等において、川内原発の再稼働を強く訴えていた。

米軍基地の辺野古移転についても同じです。自民党も民主党も、「県外移転」と言っていました。選挙に勝つためには、そう言っておくほうがよいからでしょう。

正しいことを言い続ける幸福実現党を第一党に

しかし、「嘘を言ったほうが勝つ」というのは、あまり望ましい民主主義ではありません。

やはり、本当のことを言っている人、そして、結果がそのとおりになった人のほうを支持しないのならば、投票者としては、少し見識《けんしき》に問題があると言わざるをえないのではないでしょうか。

私たちは、米軍基地の辺野古移転について、官邸《かんてい》に何回も梃入《てこい》れをしながらやっているのです。

ちなみに、私が沖縄に来る前に、沖縄県知事は、ちょうど東京の港区《みなと》のほうへ来ていました。

結局、官邸も何だかんだ言って、幸福実現党や幸福の科学が何か意見を〝発射〟したあとに、周りをよく見て、さらに、「マスコミのほうが、それに特に反応しないようだ」と見たら、ソロ－ッと考え方を（幸福実現党のほうへ）変えてついてきています。そういう考えが、ずっと続いているのです。

そういうことをするのであれば、幸福実現党を第一党にしてください！　それが正論でしょう。私はそう思います。

とにかく、おかしいのです。正しいことを言っている者、真実を語っている者が認められないで、あとからのっそりと、責任を取らずについてくる者がメジャー化して通っていくというのは、やはり、どう考えてもおかしいのです。

また、何度か述べていることですが、アベノミクスなども、幸福実現党が立てた政策をそのままやっただけなのです。こうしたものは登録されるものではないし、特許でもないかもしれません。ただ、そのとおりにしたら、ある程度まで成功したわけです。

（アベノミクスなどで）失敗したのは、消費税のところでしょう。これは失敗しました。

6　日銀の「マイナス金利」の是非《ぜひ》は？

日銀が突如《とつじょ》、発表した「マイナス金利」

さて、昨日《きのう》（二〇一六年一月二十九日）、日銀から発表があり、「マイナス金利を実施《じっし》する」ということでした（注。日本銀行は金融《きんゆう》政策決定会合で、金融機関から預かっている当座預金のうち、一定水準を超《こ》える金額については、金利をマイナス〇・一パーセントに引き下げる「マイナス金利政策」の導入を決めた）。これについては、「意味不明だ」と思われる方が多いかもしれません。

また、私も、沖縄《おきなわ》でマイナス金利の話をしてよいのか、少し迷うところはあります（笑）。

要するに、いろいろな銀行が預金を預《あず》かっていますが、お金が余ったら日銀に預けるわけです。そうすると、今までは〇・一パーセントぐらいの利子をつけてくれたので、お金が貯《た》まっていたら、銀行は少しは儲《もう》かります。

ところが、これからは、「銀行が余ったお金を日銀に預けると、利子をマイナス〇・一パーセントにするぞ」と言っているのです。

それはどういうことかというと、日銀が銀行からお金を預かるときに、一種の手数料を取るわけです。つまり、銀行は、日銀にお金を預けたら損をすることになります。

そうなると、銀行は、「では、どうしようか。それだったら日銀に預けないで、企業《きぎょう》に貸し出すか、株を買うか、あるいは国債《こくさい》を買うか」というように、お金を使うほうに行くでしょう。そうすることで、「消費者マインド」を目覚めさせようとしているわけです。

確かに、このようなことをしたくなる気持ちは分かります。ただ、黒田《くろだ》日銀総裁は、本当は非常に苦しいのだと思うのです。

マイナス金利は「資本主義の精神」を傷つける

もちろん、マイナス金利というのは、ほかの国にもあることはあります。ヨーロッパであってもそうですし、実験されてはいるのですが、実は、あまりよいことではありません。

●**ヨーロッパのマイナス金利**　欧州中央銀行、デンマーク、スイス、スウェーデンの各中央銀行はマイナス金利を導入している。ただし、この政策は金融機関の収益を減らすことになり、貸し出しの増加にはつながらないともいわれている。

これは、個人で言うと、「〝タンス預金〟のようなものはやめて、全部使ってしまえ。お金を持っていたら値打ちが減るぞ」というようなメッセージでしょう。

また、企業に対しては、「金儲けをして、その貯まったお金を銀行に預けていても、いいことなどないですよ。どんどん使いなさい。今すぐ使いなさい」と言っているようなものなのです。

要するに、「蓄《たくわ》えをなくして全部使ってしまえ」ということであり、政府から、「江戸《えど》っ子のように、宵越《よいご》しの金を持たないようにしろ」という命令が出ているわけです。

これは、一時的な景気対策としては、おそらくよいでしょう。お金が使われることになるので、参院選ぐらいまではよい結果が出るかもしれません（注。

二〇一六年の夏に参議院選挙が予定されている)。下がっている株価が上がり始めたり、無駄《むだ》なお金を使って投資がたくさん起きたりするでしょう。そういう意味で、一時的に景気はよくなるかもしれないとは思います。

しかし、経済学的に見た場合、最終的には間違《まちが》っていると言わざるをえません。なぜなら、「資本主義の精神」を傷つけているからです。

「資本主義の精神」というのは、二宮尊徳《にのみやそんとく》が言ったとおり、「積小《せきしょう》為《い》大《だい》」、つまり、「小さくても積み立てていき、だんだん資本を大きくして、事業をする。そして、大きな儲けをして、次第《しだい》にその経済の規模を拡大していく」ということです。

しかし、マイナス金利は、お金を貯めたら損をする制度なので、お金は貯まらないでしょう。要するに、「みなが、お金が入ったらすぐに使う体制になっていく」ということであって、これでは資本の蓄積《ちくせき》ができなくなってきます。そうすると、資本主義として、大きな事業をやり、もっと大きな利益をあげたり、大きな経済規模をつくっていったりするような方向に動かなくなるわけです。

したがって、マイナス金利は、一時的には〝カンフル剤《ざい》〟として効くかもしれませんが、将来的な方向としては、資本主義経済としての拡大を抑止《よくし》する効果があると思います。

マイナス金利は選挙向けの〝幻惑《げんわく》〟か

そういう意味で、日銀の黒田総裁はそうとう苦しかったと思います。財務省が言うことをきかないので、安倍《あべ》さんの「二パーセント成長」を支えるために、日銀のほうが頑張《がんば》って、やれるだけのことをやろうとしているのでしょう。少し気の毒ではあります。

ただ、黒田総裁もおそらく分かっているのだろうとは思いますが、これは国民に対して、「選挙向けの騙《だま》し」をまたやっているのでしょう。

本来は、幸福実現党が主張しているとおり、消費税上げをしてはいけませんでした。デフレから脱却《だっきゃく》するのが、まず第一だったのです。

もちろん、「デフレからはるかに脱却した」と思えば、財政再建を考えてもよいわけですが、デフレを脱却して経済成長の軌道《きどう》に乗れば、増税をかけなくても税収は増えるに決まっています。したがって、まずはデフレからの脱却が大事だったのです。

ところが、実際は消費税を三パーセント上げて、さらに、次は（二〇一七年四月に）二パーセント上げると言っているため、デフレからの脱却がほぼ不可能な見通しが出てきました。それでマイナス金利まで導入し、目先の株を買わせて株価を上げ、景気がいいように見せようとしているのです。

ただ、これは「バブル」でしょう。ある種の「ミニバブル」を起こして、みなを〝幻惑《げんわく》〟しようとしているわけです。

沖縄の新聞でも、このあたりを見抜《みぬ》いている人はいました。論説委員はさすがによく勉強しているようで、見抜いていたようではあります。

いずれにせよ、これは短期的な選挙対策にはなるかもしれないものの、長期的には日本の経済的発展を傷つける行為でしょう。

やはり、まずは原点に戻《もど》って、アベノミクスの元のスタイルである、幸福実現党の主張どおりにやってくださいい。私たちは消費税上げを止《と》めようとしていて、「実行したら駄目だ」と言っていたのです。「増税すれば景気が回復する」などという財務省の理論は当たるわけがありません。これは、「勉強するとバカになる」と言っているような感じにしか聞こえないのですが、ありえないことです。

したがって、消費税を来年二パーセント引き上げる方針を止めるのは当然ですが、今からでも遅《おそ》くないので、八パーセントに上げた消費税も考え直したほうがよいと思います。

要するに、このままではデフレのほうに引っ張られて、日本経済が沈《しず》んでいこうとしているわけです。

マイナス金利まで導入するという情けない状況《じょうきょう》、つまり、銀行が日銀にお金を預けても、これが悪いことのように思われたり、利益をあげることを悪いことのように感じられたりするという社会は、資本主義社会としてよくないことなのです。

7　消費税導入二十五年の「反省」が必要

消費税導入後、財政赤字は十倍に増えている

やはり、日本の経済規模が二十年間大きくなっていないということに対して、もう一段の「反省」が必要です。

これに関しては、竹下登《たけしたのぼる》元総理が最近の霊言《れいげん》のなかで、「われわれは財政赤字を解決するために、無理をして消費税の導入をしたのだ。自分のクビと引き換《か》えに、消費税三パーセントを導入したのだ」というようなことを述べていま

した（『政治家が、いま、考え、なすべきこととは何か。元・総理　竹下登の霊言』〔幸福実現党刊〕参照）。

一九八九年当時、財政赤字は百兆円で、これをなくすために、三パーセントの消費税を導入したわけです。

ところが、その後の現実はどうでしょうか。今はもう一千兆円の財政赤字です。おかしいと思います。

竹下元総理も、霊言で、「財政赤字をなくすために消費税を導入したのに、財政赤字が十倍になったのなら、これは何かがおかしい。ここを反省しないで、さらに増税をかけるというのは間違《まちが》いだ」というようなことを、はっきりと言

『政治家が、いま、考え、なすべきこととは何か。元・総理　竹下登の霊言』（幸福実現党刊）

っています。自民党の元総裁であり、首相であった人がそう言っているわけですが、これを真摯《しんし》に受け止めるべきでしょう。

やはり、おかしいと思います。百兆円の財政赤字があるから、三パーセントの消費税を導入しました。「これで税収入が増えれば、黒字化して財政が均衡《きんこう》する」と見ていたにもかかわらず、実際には一千兆円の赤字が出たわけです。

「補助金」の使い方を見直さなければならない

それはどうしてかといえば、基本的に「補助金」の問題でしょう。要するに、「補助金漬《づ》け」なのです。

例えば、中央政府が、地方を支配するために、いろいろなところに補助金を

●**消費税の歴史**　1989年、竹下登内閣において3%の消費税を導入。その後、1997年の橋本龍太郎内閣のときに5%、2014年には8%に引き上げられた。さらに、安倍政権は2017年4月に10%への引き上げを公約している。

ばら撒《ま》きます。ただ、そのばら撒き方が巧妙《こうみょう》であって、全額は出さずに、半分ぐらい出すわけです。「これをするのであれば、補助金を半分ぐらい出します。あとは、自分たちで何とかしてください」というようなやり方でしょう。

しかし、中央政府の官僚《かんりょう》たちには、「その事業が本当にその地方に必要かどうか」ということなど分からないのです。現実に、そこに住んでいるわけではなく、書類を見ているだけなので、どうしても分かりません。つまり、頭で考えて、「補助金を半分出すから、あとはやれ」というようなかたちで撒いているのです。

こうして撒いたものがどんどん溜《た》まっていって、財政赤字になってきているわけです。

ただ、補助金に絡《から》めて言うならば、沖縄《おきなわ》県にも心配なところがあります。

沖縄の場合、これまでは、「野党の方《かた》、要するに、左翼《さよく》系の政治家のほうが、基地問題等で政府を攻撃《こうげき》し、激しく暴《あば》れる。そこで、保守の政治家のほうが『まあまあ』となだめて、政府から補助金を引いてくる」というスタイルが基本でした。ところが、だんだん面倒《めんどう》くさくなってきたのか、最近の流れとして、「保守の政治家が暴れてみせて、直接補助金を引いてくる」というスタイルが出来上がってきています。このあたりは、よく知っていなければいけないでしょう。

いずれにせよ、「いろいろなかたちで、みなさんが出しているお金を、全国にどのように使うか」ということを考えるわけですが、そうした補助金の使い方にしても、もう一回、全体に見直さなければいけません。それが一つです。

さらに問題なのは、不況《ふきょう》が長く続いて、民間のほうの賃金が上がっていないにもかかわらず、公務員の平均給与《きゅうよ》が、民間の一・五倍もあることです。

もし、国家というものを赤字企業《きぎょう》にたとえるならば、こうしたことは、ありえない話でしょう。まずは、自分たちのほうの経費を抑《おさ》えて安くするところから始めなくてはいけません。やはり、自分たちから、それを外していかなければいけないと思います。

ところが、「民間の一・五倍の給料をもらいながら、さらに増税をかける」というのは、悪代官《あくだいかん》そのものです。これは許してはいけないことでしょう。

8 沖縄《おきなわ》を他国の植民地にはさせない

沖縄《おきなわ》に対して涙《なみだ》した思い出

要するに、国防についても、経済的な面についてもそうですが、いろいろな見通しにおいて、幸福の科学、あるいは、その〝実戦部隊〟である幸福実現党が言ってきたことは、だいたい当たっているのです。

つぶさに検証されたらいいのですけれども、幸福実現党の候補者が（国政選挙で）当選しなかったことを除けば、言っていることは、ほぼ当たっています。

また、その当選しない理由には、「小選挙区制」であることも関係するでしょう。小選挙区制の場合、第一党と第二党が競争して、どちらかしか通らないため、強そうなほう、優勢なところのほうに票を入れるわけです。例えば、二週間ぐらい前に選挙予想をして、「この二人が有力です。こちらがやや勝ちそうです」と言われた場合、自分の投票が「死に票」になるのは嫌《いや》だから、「僅《きん》差《さ》で負けそうなところを勝たせようとする」か、あるいは、「勝ちそうなところの勝ち馬に乗る」かの二つになって、それ以外は捨てられてしまいます。

したがって、選挙制度そのものが、新規参入を阻《はば》んでいるところが大きくあるのです。

しかし、既成《きせい》政党がまったく現状分析《ぶんせき》ができておらず、未来についての予想がまったくできていない状況《じょうきょう》であるならば、むしろ、「新しい政党」が力を持ってくるのが、流れなのではないでしょうか。私はそう思います。

もし、沖縄《おきなわ》のみなさんが、とにかく、安倍官邸《あべかんてい》、あるいは、本土、ヤマトンチュに支配されて面白《おもしろ》くないという気持ちがあるならば、ここで幸福実現党をポーンと出して、「おまえらと一緒《いっしょ》じゃないんだぞ」ということを見せていただきたいのです。

まだまだ沖縄から全国を変えていく可能性はあります。本土のほうがしないことを、やっていただきたいのです。私は本当にそう思います。みなさんだったらできる！　必ずできると思います。

私個人では、沖縄に対して、差別的な気持ちなどを持ったことは一度もありません。

実は、小学校六年生のとき、一九六八年になりますが、沖縄の読谷村《よみたんそん》辺りの女の子からお手紙が来て、文通していたこともあるのです。まあ、名前は忘れたことにします（笑）。今ごろはきっと、お孫さんもおありでしょう。名乗り出られても分かりませんから、名前は言いませんけれども、当時、文通していたことがあるのです。

それは、先述した、アメリカから日本に沖縄が返還《へんかん》される四年ほど前のことになりますが、そのとき手紙の裏に、「沖縄県」とはっきり書いてあるのを見て、涙《なみだ》を流したことを覚えています。「沖縄県」と書いてあるのを見て、「日本に帰ってくるのは悲願《ひがん》なんだろうなあ」と思うとともに、「何とかして早く本土に戻《もど》してあげたいな」という気持ちが湧《わ》いてきました。私が、「沖縄県」という文字を見て涙を流したのは、小学校六年生のときです。

それから現在まで時間は流れました。沖縄が本土復帰して、まだ十分には満足な気持ちが味わえないということは分かります。しかし、一緒に手を携《たずさ》えて、やっていこうではありませんか。

沖縄《おきなわ》は二千年前から日本の領土だった

また、地上の人間だけが主権を持っているのではありません。日本の霊界《れいかい》には神様もいます。そして、日本の神様は、沖縄《おきなわ》まで自分の霊界だと認識しているのです。

その証拠《しょうこ》もあります。

日本神道《しんとう》のもとにもなる『古事記《こじき》』『日本書紀《にほんしょき》』というものがありますが、そのなかに、●豊玉姫《とよたまひめ》という女神《めがみ》が出てきます。その豊玉姫は、里帰《さとがえ》りをするわ

●豊玉姫　海神・大綿津見神《おおわたつみのかみ》の娘で、神代神武天皇の祖母に当たる。

けですが、霊言《れいげん》のなかで「自分は、沖縄出身だ」ということを言っています（会場拍手《はくしゅ》）（『竜宮界《りゅうぐうかい》の秘密——豊玉姫が語る古代神話の真実——』『沖縄戦の司令官・牛島満中将《うしじまみつるちゅうじょう》の霊言』（共に幸福の科学出版刊）参照）。

この豊玉姫は、皇室の先祖に当たる方です。つまり、沖縄は最近、日本に編入されたのではありません。今から二千年以上前の、『古事記』『日本書紀』が捉《とら》えている世界のなかで、皇室の先祖が沖縄出身なのです。もっとはっきり言うと、「どうやら宮古島《みやこじま》辺りらしい」ということが分かっています。

『竜宮界の秘密——豊玉姫が語る古代神話の真実——』（幸福の科学出版刊）

『沖縄戦の司令官・牛島満中将の霊言』（幸福の科学出版刊）

「そうした方が、皇室のもとに入っておられるのだ。実は二千年以上前に、日本のなかに入っておられたのだ」ということを知ってください。これが「真実の世界」なのです。

沖縄は日本です。絶対に沖縄は日本なのです。ですから、私は、以前の講演会でも述べたことがあるけれども、二度と沖縄を他国の〝植民地〟にはさせません！

絶対に許さない。日本の神様がたも許していない。先の大東亜《だいとうあ》戦争では敗戦を喫《きっ》したかもしれないけれども、日本の神様がたは敗れていないのです。

今も厳然《げんぜん》として、高天原《たかまがはら》に存在しています。そして、日本的な考えや価値観を全世界に〝輸出〟し、全世界の人々に、日本のような「和の心」、「美を信ずる心」、「人を愛する心」、「優《やさ》しい心」、ときには「勇気のために戦うこともできる心」を教えようとしているのです。

私は昨年（二〇一五年）、先の大東亜戦争について検証した文献《ぶんけん》をいろいろと出しました。それを一つずつ読んで、勉強していただきたいとは思いますが、日本神道の神々はまだ健在《けんざい》です。

また、日本の神々は孤立《こりつ》していません。キリスト教やイスラム教、その他の宗教とも、天上界《てんじょうかい》の上のほうでは、がっちりと手を結んでつながっているのです。

そして、「日本こそが、宗教対立によって、いろいろな所で戦争が起きている現状を解決すべき主役になれ」と言っています。われわれは、この期待に応《こた》えねばなりません。

最後に、ささやかなことを一つだけ付け加えておきます。現在の幸福の科学の理事長は、沖縄の石垣島《いしがきじま》出身です。石垣島出身の方が幸福の科学の理事長をしているということは、どういうことでしょうか。それは、「絶対に、この国の国防は揺《ゆ》るがせにしない」ということを意味しているのです。

今日、初めて幸福の科学の講演会に来られた方も、何千人かいるかもしれませんが、どうか私たちの熱いメッセージを受け取ってください。

私は嘘《うそ》をつくのが嫌《きら》いです。本当のことしか言いません。

そろそろ、嘘をついて票を集め、現職を維持《いじ》したがる人たちを見限って、新しい情熱溢《あふ》れる人を選んでください。

私は世界にも嘘はついていません。正直で、正義を追求する団体であり、政党です。みなさん、どうかこのメッセージを広げてください。ありがとうございました。

あとがき

日銀がマイナス金利に踏《ふ》み込《こ》んだということは、デフレ脱却《だっきゃく》のための〈アベノミクス〉は、消費税増税により、理論的に破綻《はたん》したということである。

安倍政権としては、「四度目の核実験をし、現在、弾道ミサイルの二月中発射を予告している金正恩《キムジョンウン》体制」とひともめして、二匹目のドジョウとしての朝鮮特需《せんとくじゅ》でも起こし、同時に、憲法改正にも弾《はず》みをつけたいところだろう。

現実にすみやかに対処《たいしょ》できる政府であることは望ましいが、根本の哲学は、はっきりとしておいたほうがよかろう。あいまいなことは言わず「正義論」をもっと打ち出すべきだ。沖縄では私も巨弾《きょだん》を撃《う》ち込んだ。宗教家としても、政治思想家としても、物事の大小を国民に教えることが大事だと思っている。

二〇一六年　二月五日

幸福《こうふく》の科学《かがく》グループ創始者兼総裁《そうししゃけんそうさい》
幸福実現党総裁《こうふくじつげんとうそうさい》　大川隆法《おおかわりゅうほう》

『現代の正義論』大川隆法著作関連書籍

『正義の法』（幸福の科学出版刊）
『日本の繁栄は、絶対に揺るがない』（同右）
『朝の来ない夜はない』（同右）
『信仰と愛』（同右）
『大川隆法 フィリピン・香港 巡錫の軌跡』（同右）
『愛は風の如く』全四巻（同右）
『真の平和に向けて』（同右）
『北朝鮮・金正恩はなぜ「水爆実験」をしたのか』（同右）
『プーチン大統領の新・守護霊メッセージ』（同右）

『守護霊インタビュー　ドナルド・トランプ　アメリカ復活への戦略』（同右）
『杉原千畝に聞く　日本外交の正義論』（同右）
『竜宮界の秘密――豊玉姫が語る古代神話の真実――』（同右）
『沖縄戦の司令官・牛島満中将の霊言』（同右）
『平和への決断』（幸福実現党刊）
『ロシア・プーチン新大統領と帝国の未来』（同右）
『政治家が、いま、考え、なすべきこととは何か。元・総理　竹下登の霊言』（同右）

※左記は書店では取り扱っておりません。最寄りの精舎・支部・拠点までお問い合わせください。
『時代の扉を押し開けよ』（宗教法人幸福の科学刊）

現代《げんだい》の正義論《せいぎろん》

――憲法、国防、税金、そして沖縄。

―『正義の法』特別講義編―

2016年2月19日　初版第1刷
2016年8月27日　　　第3刷

著　者　　大《おお》川《かわ》隆《りゅう》法《ほう》

発行所　　幸福の科学出版株式会社

〒107-0052 東京都港区赤坂2丁目10番14号
TEL(03)5573-7700
http://www.irhpress.co.jp/

印刷・製本　株式会社 堀内印刷所

落丁・乱丁本はおとりかえいたします

ISBN978-4-86395-764-0 C0030

大川隆法「法シリーズ」・**最新刊**

正義の法

法シリーズ
第22作

憎しみを超えて、愛を取れ

テロ事件、中東紛争、中国の軍拡――。
どうすれば世界から争いがなくなるのか。
あらゆる価値観の対立を超える
「正義」とは何か。
著者二千書目となる「法シリーズ」最新刊！

2,000円

※表示価格は本体価格（税別）です。

大川隆法 霊言シリーズ・世界の政治指導者の本心

オバマ大統領の新・守護霊メッセージ

英語霊言 日本語訳付き

日中韓問題、ＴＰＰ交渉、ウクライナ問題、安倍首相への要望……。来日直前のオバマ大統領の本音に迫った、緊急守護霊インタビュー！

1,400円

守護霊インタビュー ドナルド・トランプ アメリカ復活への戦略

英語霊言 日本語訳付き

次期アメリカ大統領を狙う不動産王の知られざる素顔とは？ 過激な発言を繰り返しても支持率トップを走る「ドナルド旋風」の秘密に迫る！

1,400円

プーチン大統領の新・守護霊メッセージ

独裁者か? 新時代のリーダーか? ウクライナ問題の真相、アメリカの矛盾と限界、日ロ関係の未来など、プーチン大統領の驚くべき本心が語られる。

1,400円

※表示価格は本体価格(税別)です。

大川隆法霊言シリーズ・緊迫する東アジア情勢を読む

北朝鮮・金正恩はなぜ「水爆実験」をしたのか

緊急守護霊インタビュー

2016年の年頭を狙った理由とは？ イランとの軍事連携はあるのか？ そして今後の思惑《おもわく》とは？ 北の最高指導者の本心に迫る守護霊インタビュー。

1,400円

中国と習近平に未来はあるか

反日デモの謎を解く

「反日デモ」も、「反原発・沖縄基地問題」も中国が仕組んだ日本占領への布石だった。緊迫する日中関係の未来を習近平氏守護霊に問う。【幸福実現党刊】

1,400円

守護霊インタビュー

朴槿恵韓国大統領 なぜ、私は「反日」なのか

従軍慰安婦問題、安重根記念館、告げ口外交……。なぜ朴槿恵大統領は反日・親中路線を強めるのか？ その隠された本心と驚愕の魂のルーツが明らかに！

1,500円

大川隆法 霊言シリーズ・最新刊

天台大師 智顗の新霊言

「法華経」の先にある宗教のあるべき姿

「中国の釈迦」と呼ばれた天台大師が、1400 年の時を超えて、仏教の真髄、そして現代の宗教対立を解決する鍵、新時代の世界宗教の展望を語る。

1,400円

幸福実現党本部 家宅捜索の真相を探る

エドガー・ケイシーによる スピリチュアル・リーディング

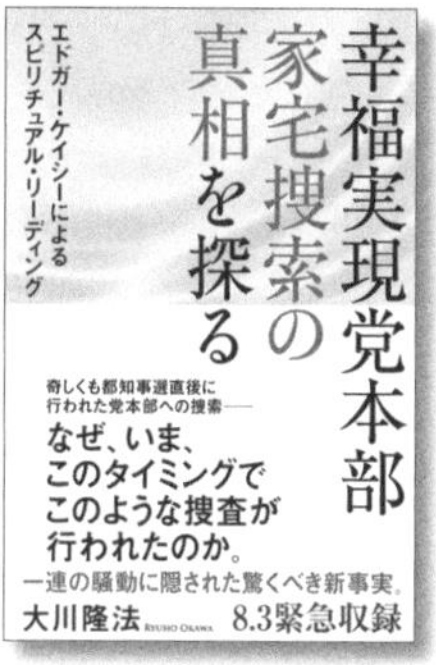

都知事選の直後に行われた、異例とも言える党本部への家宅捜索について、その真相を霊査。一連の騒動の背景に隠された驚くべき新事実とは?【幸福実現党刊】

1,400円

玉依姫の霊言

日本神話の真実と女神の秘密

神武天皇の母であり、豊玉姫の妹とされる玉依姫――。大和の国を見守ってきた女神が、現代の女性たちに贈る「美を磨くための 4 つのポイント」。

1,400円

幸福の科学グループのご案内

宗教、教育、政治、出版などの活動を通じて、地球的ユートピアの実現を目指しています。

幸福の科学

一九八六年に立宗。信仰の対象は、地球系霊団の最高大霊、主エル・カンターレ。世界百カ国以上の国々に信者を持ち、全人類救済という尊い使命のもと、信者は、「愛」と「悟り」と「ユートピア建設」の教えの実践、伝道に励んでいます。

（二〇一六年八月現在）

愛

幸福の科学の「愛」とは、与える愛です。これは、仏教の慈悲《じひ》や布施《ふせ》の精神と同じことです。信者は、仏法真理をお伝えすることを通して、多くの方に幸福な人生を送っていただくための活動に励んでいます。

悟り

「悟り」とは、自らが仏の子であることを知るということです。教学《きょうがく》や精神統一によって心を磨き、智慧《ちえ》を得て悩みを解決すると共に、天使・菩薩《ぼさつ》の境地を目指し、より多くの人を救える力を身につけていきます。

ユートピア建設

私たち人間は、地上に理想世界を建設するという尊い使命を持って生まれてきています。社会の悪を押しとどめ、善を推し進めるために、信者はさまざまな活動に積極的に参加しています。

国内外の世界で貧困や災害、心の病で苦しんでいる人々に対しては、現地メンバーや支援団体と連携して、物心両面にわたり、あらゆる手段で手を差し伸べています。

年間約３万人の自殺者を減らすため、全国各地で街頭キャンペーンを展開しています。

公式サイト　www.withyou-hs.net

ヘレン・ケラーを理想として活動する、ハンディキャップを持つ方とボランティアの会です。視聴覚障害者、肢体不自由な方々に仏法真理を学んでいただくための、さまざまなサポートをしています。

公式サイト　www.helen-hs.net

INFORMATION

お近くの精舎・支部・拠点など、お問い合わせは、こちらまで！

幸福の科学サービスセンター

TEL. **03-5793-1727**（受付時間 火〜金：10〜20時／土・日・祝日：10〜18時）

幸福の科学 公式サイト **happy-science.jp**

幸福の科学グループの教育・人材養成事業

ハッピー・サイエンス・ユニバーシティ

Happy Science University

ハッピー・サイエンス・ユニバーシティとは

ハッピー・サイエンス・ユニバーシティ(HSU)は、大川隆法総裁が設立された「現代の松下村塾」であり、「日本発の本格私学」です。
建学の精神として「幸福の探究と新文明の創造」を掲げ、
チャレンジ精神にあふれ、新時代を切り拓く人材の輩出を目指します。

学部のご案内

人間幸福学部

人間学を学び、新時代を切り拓くリーダーとなる

経営成功学部

企業や国家の繁栄を実現する、起業家精神あふれる人材となる

未来産業学部

新文明の源流を創造するチャレンジャーとなる

未来創造学部

2016年4月開設

時代を変え、未来を創る主役となる

政治家やジャーナリスト、ライター、俳優・タレントなどのスター、映画監督・脚本家などのクリエーター人材を育てます。※

※キャンパスは東京がメインとなり、2年制の短期特進課程も新設します(4年制の1年次は千葉です)。2017年3月までは、赤坂「ユートピア活動推進館」、2017年4月より東京都江東区(東西線東陽町駅近く)の新校舎「HSU未来創造・東京キャンパス」がキャンパスとなります。

住所 〒299-4325 千葉県長生郡長生村一松丙 4427-1
TEL.0475-32-7770

幸福の科学グループの教育・人材養成事業

教育

学校法人 幸福の科学学園

学校法人 幸福の科学学園は、幸福の科学の教育理念のもとにつくられた教育機関です。人間にとって最も大切な宗教教育の導入を通じて精神性を高めながら、ユートピア建設に貢献する人材輩出を目指しています。

幸福の科学学園

中学校・高等学校（那須本校）
2010年4月開校・栃木県那須郡（男女共学・全寮制）
TEL **0287-75-7777**
公式サイト **happy-science.ac.jp**

関西中学校・高等学校（関西校）
2013年4月開校・滋賀県大津市（男女共学・寮及び通学）
TEL **077-573-7774**
公式サイト **kansai.happy-science.ac.jp**

仏法真理塾「サクセスNo.1」 TEL **03-5750-0747**（東京本校）
小・中・高校生が、信仰教育を基礎にしながら、「勉強も『心の修行』」と考えて学んでいます。

不登校児支援スクール「ネバー・マインド」 TEL **03-5750-1741**
心の面からのアプローチを重視して、不登校の子供たちを支援しています。
また、障害児支援の**「ユー・アー・エンゼル！」運動**も行っています。

エンゼルプランV TEL **03-5750-0757**
幼少時からの心の教育を大切にして、信仰をベースにした幼児教育を行っています。

シニア・プラン21 TEL **03-6384-0778**
希望に満ちた生涯現役人生のために、年齢を問わず、多くの方が学んでいます。

NPO活動支援

学校からのいじめ追放を目指し、さまざまな社会提言をしています。また、各地でのシンポジウムや学校への啓発ポスター掲示等に取り組む一般財団法人「いじめから子供を守ろうネットワーク」を支援しています。

公式サイト **mamoro.org**
相談窓口 **TEL.03-5719-2170**
ブログ **blog.mamoro.org**

政治

幸福実現党

内憂《ないゆう》外患《がいかん》の国難に立ち向かうべく、二〇〇九年五月に幸福実現党を立党しました。創立者である大川隆法党総裁の精神的指導のもと、宗教だけでは解決できない問題に取り組み、幸福を具体化するための力になっています。

幸福実現党 釈量子サイト
shaku-ryoko.net

Twitter
釈量子@shakuryoko
で検索

党の機関紙
「幸福実現NEWS」

幸福実現党 党員募集中

あなたも幸福を実現する政治に参画しませんか。

○幸福実現党の理念と綱領、政策に賛同する18歳以上の方なら、どなたでも党員になることができます。

○党員の期間は、党費（年額 一般党員5千円、学生党員2千円）を入金された日から1年間となります。

党員になると

党員限定の機関紙が送付されます。
（学生党員の方にはメールにてお送りします）
申込書は、下記、幸福実現党公式サイトでダウンロードできます。

住所：〒107-0052
東京都港区赤坂2-10-8 6階
幸福実現党本部

TEL **03-6441-0754**
FAX **03-6441-0764**
公式サイト **hr-party.jp**
若者向け政治サイト **truthyouth.jp**

幸福の科学グループ事業

出版メディア事業

幸福の科学出版

大川隆法総裁の仏法真理の書を中心に、ビジネス、自己啓発、小説など、さまざまなジャンルの書籍・雑誌を出版しています。他にも、映画事業、文学・学術発展のための振興事業、テレビ・ラジオ番組の提供など、幸福の科学文化を広げる事業を行っています。

アー・ユー・ハッピー?
are-you-happy.com

ザ・リバティ
the-liberty.com

幸福の科学出版
TEL **03-5573-7700**
公式サイト **irhpress.co.jp**

THE FACT

ザ・ファクト
マスコミが報道しない「事実」を世界に伝えるネット・オピニオン番組

Youtubeにて随時好評配信中！

ザ・ファクト　検索

NEW STAR PRODUCTION
ニュースター・プロダクション

ニュースター・プロダクション(株)は、新時代の〝美しさ〟を創造する芸能プロダクションです。二〇一六年三月には、ニュースター・プロダクション製作映画「天使に〝アイム・ファイン〟」を公開しました。

公式サイト
newstar-pro.com